JN115330

『資本論』全三部を読む

DAS KAPITAL

新版

1

不破哲三

新日本出版社

新版刊行にあたって

『「資本論」全三部を読む——代々木『資本論』ゼミナール・講義集』（全七冊）の旧版は、今回、その後の研究の発展、なかでも新版『資本論』（全一二分冊、二〇一九年九月～二〇二一年七月、監修・日本共産党中央委員会社会科学研究所）刊行にあたっての研究の成果を生かして、内容の新たな改定を行ない（改定の主要部分は、新たな補注〈★と◆〉として、欄外に付した）、書名を『「資本論」全三部を読む　新版』とあらためた。

そのさい、事項注を拡充するとともに、人名については、初出箇所で簡単な紹介を行なった。そのほか、第一冊巻末に「『資本論』の準備と執筆をめぐる年譜」と「マルクス死後の『資本論』にかかわる略年表」を、第七冊巻末に「人名索引」と「マルクス、エンゲルス文献索引」を付した。

『資本論』からの引用、参照ページは、新版『資本論』によった。引用にさいしては、旧著と同じくディーツ社（現カール・ディーツ社、ベルリン）発行の『マルクス・エンゲルス著作集（ヴェルケ）』版『資本論』の巻数とページ数も付記した。また、マルクス、エンゲルスの邦訳文献からの引用は、『マルクス・エンゲルス全集』（大月書店）、『科学的社会主義の古典選書』（新日本出版社）によった。訳語、訳文については、必要に応じて変更した場合がある。

二〇二一年一〇月　　不破　哲三

まえがき

日本共産党の創立八〇周年にあたる二〇〇二年に、党史上初めての企画として、『資本論』全三部〔★1〕を一年間で読む学習会を、日本共産党本部で計画し、私が講師をつとめました。題して「代々木『資本論』ゼミナール」。党本部の各部門を中心に、近くの都県委員会や地区委員会の常任活動家もくわえ三〇〇人をこえる応募をえて、一月二一日に開講、第二一回目にあたる一二月一六日を最終講義として、〝一年間で『資本論』全三部を読む〟という所期の目標を、ともかく成功のうちに達成しました。

講義の進行の日程をまとめると、次ページの通りです。最初の序論と、最後の総括的な講義をのぞくと、『資本論』の本文にあてたのは一九回、内訳は第一部八回、第二部五回、第三部六回で、かなり〝強行軍〟の日程でしたが、ゼミナールを終わっての受講者の感想文の多くに、『資本論』を読みおえたことの喜びが、こもごも綴られていたことは、講師をつとめた私にとって、なによりもうれしいことでした。

第一回（二〇〇二年一月二一日）　ゼミナールの出発にあたって

「第一部　資本の生産過程」

第二回（二月四日）　第一篇（第一～二章）
第三回（二月一八日）　第一篇（第三章）
第四回（三月四日）　第二篇、第三篇（第五～七章）
第五回（三月一八日）　第三篇（第八～九章）
第六回（四月一日）　第四篇（第一〇～一三章・前半）
第七回（四月一五日）　第四篇（第一三章・後半）、第五篇
第八回（五月七日）　第六篇、第七篇（第二一～二三章・前半）
第九回（五月二〇日）　第七篇（第二三章・後半～二五章）

「第二部　資本の流通過程」

第一〇回（六月三日）　第二部総論。第一篇（第一章）
第一一回（六月一七日）　第一篇（第二～六章）
第一二回（七月一日）　第二篇（第七～一五章）
第一三回（七月一五日）　第二篇（第一六～一七章）
第三篇（第一八～二〇章）

第一四回（八月五日）　第三篇（第二一章）

「第三部　資本主義的生産の総過程」

第一五回（九月二日）　第三部総論。第一篇

第一六回（九月一七日）　第二篇、第三篇

第一七回（一〇月七日）　第四篇、第五篇（第二一～二四章）

第一八回（一〇月二一日）　第五篇（第二五～三六章）

第一九回（一一月一八日）　第六篇

第二〇回（一二月九日）　第七篇

第二一回（一二月一六日）　**全三部を読み終わって**

今回刊行を始める『「資本論」全三部を読む』は、ゼミナールの講義の内容を、もう一度全体にわたって整理しなおし、必要な補筆を行なったものです。私としては初めての『資本論』講義でしたし、質問と休憩の時間をのぞいて一回ほぼ二時間強という時間的な制約がありましたので、講義のテープを起こして読みなおしてみると、言い足りないところ、論点の整理が十分でないところなどが、たくさん出てきました。そういう点は、できるかぎり改善を行なったつもりです。講義で使用した資料も、形式はいろいろですが、可能なかぎり、織り込むようにしました。

刊行の方法は、二一回の講義を、三回分で一冊にまとめ、全七冊のシリーズとして編集することにしました。そのため、一つの篇の講義が二冊にまたがったり（第一部第四篇）、第二部の後半の講義と第三部の最初の講義が一冊にまとめられたり（第五冊）、編集の上では形のよくないところが出てきますが、三回分一冊という一律の編集方針をとった結果なので、ご了解ください。

なお、今回の「新版」では、冒頭の「新版刊行にあたって」でも述べていますが、『資本論』の訳書としては、日本共産党中央委員会社会科学研究所監修の新版『資本論』（全一二冊）を使いましたがほかの訳書を利用されている読者もおられると思いますので、引用の際には、ドイツ語『マルクス・エンゲルス著作集〔ヴェルケ〕〔★2〕』版の巻名（〔Ⅰ〕〔Ⅱ〕〔Ⅲ〕）とページ数をあわせて書き込むようにしました。ヴェルケ版のページ数は、どの訳書でも、欄外上に括弧付で指示されています。

マルクス、エンゲルスの他の著作からの引用は、『マルクス・エンゲルス全集』（大月書店）および古典選書（新日本出版社）によりましたが、訳文は、必ずしも全集版あるいは古典選書版によらず、筆者が必要と思う若干の訂正をくわえた場合や、その他の訳書の訳文を採用した場合がありますす（その箇所に一つ一つ断り書きはつけませんでした）。『資本論』の諸草稿など、全集や古典選書に収録されていない著作については、引用のさいに、それが収録されている訳書を記載しました。

不破　哲三

二〇〇三年四月

★1　**『資本論』全三部**　マルクスの『資本論』執筆プランは、マルクス自身が第一部初版への「序言」（一八六七年）で明記していたように、もともとは「第四部　理論の歴史」を含む四部構成の計画だった。

「この著書の第二巻は資本の流通過程（第二部）と総過程の諸姿容（第三部）とを取り扱い、最後の第三巻（第四部）は理論の歴史を取り扱うであろう」（「序言」〈初版への〉①一五ページ、〔Ⅰ〕17ページ、丸数字は新版『資本論』〈新日本出版社〉の分冊とページ数、〔Ⅰ〕は、ヴェルケ版『資本論』〈ディーツ社〉の巻とページ数、以下同じ）。

しかし、マルクスが実際に執筆できたのは、第三部までの草稿で、第四部については、その主題の一部をなすべき剰余価値の学説史を追究した草稿が残されていただけだった（＊）。この講義も、そうした歴史を念頭におきながら、講義そのものは、現行の全三部を対象として行なった。

＊　**第四部草稿**　マルクスは、一八五九年に『経済学批判』を刊行したのち、一八六一～六三年に、その続編にあたる二三冊のノート（経済学手稿）を執筆した。現行『剰余価値学説史』の「序文」は、遺稿の内容を次のように報告している（全集㉖ⅠのＸＶページ）。

第一～第五冊　『資本論』第一部の草稿。

第六～第一五冊　第四部「剰余価値学説史」の草稿。
第一六、第一七冊　『資本論』第三部の諸論題の研究。
第一八冊　「剰余価値学説史」の草稿。
第一九～第二三冊　『資本論』第一部の草稿。第二部の諸論題を含む。

★2　**ヴェルケ版**　ドイツで発行されている『マルクス・エンゲルス著作集』（カール・ディーツ社）のこと。

『資本論』全三部を読む　新版　1

目　次

講義第1回

第一部　資本の生産過程　129

講義第2回

講義第3回

講義第1回

ゼミナールの出発にあたって

みなさん、こんばんは。

これから、「代々木『資本論』ゼミナール」の最初の講義を始めます。

見渡したところ、会場いっぱいの、たいへん壮大な集まりになりました。最初は、日本共産党の本部内の志ある人びとをと思って呼びかけたのですが、各専門部や「しんぶん赤旗」の編集部のみなさん、国会議員や国会事務局、常任幹部会委員のみなさん方が多数参加することになりましたし、せっかくの機会ということで、周辺の都県委員会、地区委員会からも、会場の許す範囲内で参加者を募りましたので、結局は、三〇〇人を超えて、ゼミナールと言うには、もったいないような集まりになりました。

『資本論』をこれだけの集団で読む集まりというのは、党本部でも最初のことです。私について言えば、いろいろな機会に、とくに中央党学校では、古典の講義をやったことが何度もありますが、これまでは、『資本論』を講義するという気にはなりませんでした。ですから、私自身、『資本論』の講義をするのは、今回が初めてです。

月二回、一年間二一回ほどで『資本論』全三部を読む、こういうことで計画をたてました。いざ準備するとなると、月二回というのは、なかなか大変ですが、みなさんの方も、忙しい党活動のなかで『資本論』を読みきろうというわけですから、私以上の苦労があると思います。それだけに、このゼミナールは、私が話しみなさんが聞くだけという一方的なゼミナールとするのではなく、おたがいに協力しあって、新しい世紀にふさわしい、新しい学習の場をつくりだすつもりで、進めてゆきましょう。

一　なぜ、『資本論』を学習の主題に選んだか？

今日の講義は、『資本論』の中身に入る前に、『資本論』そのものについての序論的な話をしたい、と思います。

最初に、党機関で活動しているみなさんの学習のテーマとして、なぜ『資本論』を選んだのか、ということから、話すことにします。

なぜ選んだか。それは何と言っても、『資本論』が、科学的社会主義の理論――分かりやすく「科学の目」と言っていますが、その「科学の目」の要（かなめ）をなす本だからです。

『資本論』の経済学は現代に生きる

『資本論』と言えば、もちろん、まず第一に経済学の本です。そのことは、カール・マルクス（一八一八～八三）が、『資本論』の第一巻（初版、一八六七年）の「序言」で書いているとおりです。

「私がこの著作で研究しなければならないのは、資本主義的生産様式と、これに照応する生産諸関係および交易諸関係である」（『資本論』①一一ページ、〔Ⅰ〕12ページ）。

「近代社会の経済的運動法則を暴露することがこの著作の最終目的である」（同前一四ページ、〔Ⅰ〕16ページ）。

しかも、経済学の本のなかでも、『資本論』は、なかなか大変な本です。マルクスがこの第一巻を最初に発行した一八六七年から数えても一世紀半近くたっていますが（『資本論』刊行に関わる年譜は本冊巻末を参照）、その著作がいまなお、私たちが生きているこの時代——現代を分析する最良の手引きになる、これはすごいことだと思います。こういう見方は、私たちだけのものではないのです。バブル〔★3〕の崩壊する前後のことだったと思いますが、財界側のある経済研究所の所長さんが、雑誌に〝不況やバブル、その崩壊にぶつかるたびに、『資本論』の言葉が頭に浮かぶ〟と書いていました。ずっと財界側にいて、その立場から経済の研究をやってきた人が、危機にぶつかると、『資本論』の資本主義批判を思い出し、世の中はマルクスが『資本論』で書いたとおりに動いているということを実感する。『資本論』の経済学には、それだけの値打ちがある、ということです。

マルクスの時代と私たちの時代とは、時代的には大きく離れています。まだ電気を動力として産業に利用することも知らない。工場と言えば動力は蒸気機関でした。電話なども、マルクスの晩年ようやく発明されたところで、日常使うところまではいっていない。実は、そのおかげで、私たちが、ずいぶん助かっていることがあるのです。マルクスとフリードリヒ・エンゲルス（一八二〇～九五）のやりとりが、全部、手紙で残っていることです（笑い）。もし電話があったら、話は全部電話ですませてしまい、記録に残りませんから、彼らの考えの発展を研究するのに、もっともっと苦労が要ったでしょう。電話がなかったおかげで、二人がせっせと毎日のように書きあった手紙〔★4〕が、全集のなかに膨大な記録として残っていて、〝ああ、二人はこの時、こんなことを考えていたのか〟ということが分かる、そういう時代です。

その時代の資本主義を分析して書いた『資本論』が、いまの時代に、財界側の研究者をさえ驚嘆させるだけの力をもっているのです。これがまさに「科学の目」の力です。

★3　**バブル**　一九八〇年代後半から九〇年にかけて日本経済を襲った、極端な景気過熱のこと。

★4　**マルクス、エンゲルスの手紙**　日本語版全集（以下、『全集』と略記）の書簡集の部（第二七巻～第三九巻）に収録されている二人の往復書簡は、一五四六通にのぼる。

ここに史的唯物論の真髄がある

私が、それにつけくわえて言いたいのは、『資本論』に書かれているのは経済学だけではない、科学的社会主義の理論の全体――「科学の目」のほとんどありとあらゆる分野のことが、『資本論』全巻のなかにまとまった形で凝集している、ということです。このゼミナールでは、その点をぜひ、よくつかんでほしいと思います。

たとえば、われわれの社会の見方は、史的唯物論です。『資本論』と史的唯物論と言うと、有名なレーニン（一八七〇～一九二四）の言葉があります。

レーニンが、ロシアの革命運動にくわわったばかりのまだ若い頃、ナロードニキ〔★5〕というマルクス主義反対の潮流と、哲学から経済、政治のほとんど全分野にわたる大論争を展開したことがあるのです。相手側には、当時、ロシアでは思想家として知られていたミハイロフスキー〔★6〕という哲学者がいて、〝史的唯物論と言うけれども、マルクスのどこに、史的唯物論の正しさを実証した大著――ダーウィン〔★7〕の『種の起源』に匹敵するモン・ブラン〔★8〕があるか〟と、マルクス攻撃の大見得を切ったのです。モン・ブランというのは、アルプスの代表的な高峰で、モン・ブランのような巨大な業績があるか、という意味でした。それにたいして、レーニンは、〝『資本論』を見よ、これがマルクスのモン・ブランだ〟と、ずばり答えるのです

★5　**ナロードニキ**　一八六〇年代のロシアに生まれた社会運動。「ナロード」は人民・民衆を意味する言葉で、ロシア独自の平等社会の実現をめざしたが、ロシアにおける資本主義の発展や労働者階級の役割を理解できず、農民を主要な革命勢力とみなした。一八六〇年代～七〇年代ころまでのナロードニキは、ツァーリ専制主義に反対する革命運動の中核で、一八七二年、『資本論』第一部の最初の外国語訳であるロシア語版を作成したのも、ナロードニキのロパーチン（＊1）とダニエリソーン（＊2）だった。エンゲルスとの交友を含め、初期のナロードニキとマルクス主義運動との関係については、不破『古典への旅――マルクス、エンゲルス、レーニンを訪ねて』（一九八七年、新日本新書）の「ロシア問題とレーニン」（同書二〇四～二一六ページ）参照。

＊1　**ロパーチン**、ゲルマン・アレクサンドロヴィチ（一八四五～一九一八）　ロシアの革命家。ナロードニキ。マルクス、エンゲルスの友人で文通者。国際労働者協会（第一インタナショナル）の評議員（一八七〇年）。『資本論』第一巻の大部分をロシア語に翻訳した。

＊2　**ダニエリソーン**、ニコライ・フランツェヴィチ（筆名ニコライ・オン）（一八四四～一九一八）　ロシアの経済学者で、『資本論』全三巻のロシア語版の翻訳者。マルクス、エンゲルスと長く文通したが、結局は、ナロードニキの理論家の一人として活動。主著は、『改革以後のわが国社会経済概説』（一八九三年）。レーニンは、革命運動に参加した

が、その反論のなかで、『資本論』と史的唯物論の関連を、次のように解明しました。

レーニンは、まず、史的唯物論（レーニンは、「唯物史観」と呼んでいますが、同じ意味です）の社会の見方のあらましを説明したうえで、この見方は、それが一八四〇年代にマルクスによって最初に提起された時には、まだ「仮説」だったこと――歴史や社会を「科学の目」で見る可能性を初めてつくりだしたものだったが、まだ実証されていない「仮説」にすぎなかったことを、率直に認めます。

「社会学における唯物論のこの思想（史的唯物論のこと）は、すでにそれ自体として天才的な思想であった。もちろん、その当時にはこの思想はまだ単なる仮説であったが、歴史や社会の諸問題にたいして厳密に科学的に対処する可能性をはじめて創造した仮説であった」（『人民の友』とはなにか、そして彼らはいかに社会民主主義者とたたかっているか？』〔★9〕一八九四年、古典選書一九ページ、レーニン全集①一三二ページ）。

しかし、マルクスの研究は、史的唯物論を一般的な形で提起することにとどまるものではありませんでした。マルクスは、膨大な材料にもとづいて、資本主義という経済的社会構成体[注]〔★10〕の研究にとりかかり、二五年以上もの研究のうえにたって、史的唯物論の立場でこの社会構成体の全貌とその運動を説明し、資本主義的社会構成体の「生きた描写」をあたえることに成功しました。マルクスは、そのことを通じて、史的唯物論を「仮説」から「科学的に証明ずみの命題」に転化させたのでした。

最初から、彼の理論への批判を系統的に行なった。

★6　**ミハイロフスキー**、ニコライ・コンスタンチノヴィッチ（一八四二〜一九〇四）　ロシアの社会学者、評論家。ナロードニキ主義の代表的な理論家。

★7　**ダーウィン**、チャールズ・ロバート（一八〇九〜八二）　イギリスの博物学者。『種の起源』（一八五九年）で進化論を創始した。

★8　**モン・ブラン**　フランス・イタリアの国境に位置するアルプス山脈の最高峰（標高四八一〇メートル）。

★9　**『「人民の友」とはなにか、そして彼らはいかに社会民主主義者とたたかっているか?』**　ここでの「社会民主主義者」は、当時、共産主義者と同じ意味で使われていた。また、「人民の友」とは、ミハイロフスキーらの、当時の自由主義的ナロードニキ理論家たちのグループのことを指す。

★10　**経済的社会構成体**　社会発展の諸段階をとらえる史的唯物論の基本概念。社会を、生産関係の総体からなる経済的土台と、その上に立つ政治的、法律的な上部構造からなるものとしてとらえ、人間社会発展の歴史を、原始共同体、奴隷制、封建制、資本主義、そして社会主義・共産主義の発展諸段階に区分した。「構成体」（フォルマチオン）という言葉は、マルクスが、地質学の地層（フォルマチオン）概念を社会発展論にとりいれたもので、『経済学批判』への

（注）「経済的社会構成体」の概念については、「講義第2回」のなかの「いくつかの補論」——「『経済的社会構成体』とは？」を参照してください（本冊二一五〜二一六ページ）。

レーニンは、言います。

「いまでは——『資本論』があらわれてからは——、唯物史観はもう仮説ではなくて、科学的に証明された命題である。そして、なんらかの社会構成体の機能と発展——まさに社会構成体のそれであって、なんらかの国あるいは国民、あるいはさらには階級、等々の生活様式のそれではない——を科学的に説明する、他の試みがなされないあいだは——すなわち、唯物論がなしとげたのとまったく同じように『関係諸事実』を秩序だてることができ、それとまったく同じように、一定の構成体を厳密に科学的に説明しながら、それの生きた描写を与えることができるような、他の試みがなされないあいだは——、そのときまでは、唯物史観は社会科学と同義語であろう。唯物論は、ミハイロフスキー氏が考えているように『大体において科学的な歴史観』ではなくて、唯一の科学的な歴史観なのである」（同前古典選書二四〜二五ページ、全集①一三五ページ）。

レーニンのこの言葉のように、「史的唯物論の真髄（しんずい）ここにあり」と言えるほどの意義をもつのが、『資本論』なのです。

『資本論』と史的唯物論について、ここで、もう一つ紹介しておきたいのは、エンゲルスの言葉です。

エンゲルスには、『反デューリング論』〈★11〉という大作があります。これは、『資本論』第

「序言」（一八五九年）が、「経済的社会構成体」の初出と推測される〈本冊五六〜五七ページの「アジア的生産様式」への補注★32参照〉。

★11　**『反デューリング論』**　正式の書名は『オイゲン・デューリング（＊1）氏の科学の変革』。一八七〇年代に、ドイツの社会主義運動内に広まった似非理論家デューリングの影響を一掃するために、エンゲルスが執筆した。まとめられた論文は、ドイツ社会主義労働者党の中央機関紙「フォーアヴェルツ（前進）」の一八七七年一月三日号から七八年七月七日号まで掲載され、一八七八年に単行本として刊行された。論争が、社会と運動の問題から自然観、歴史観の根本まで、包括的な主題で多方面にわたって展開されたので、科学的社会主義の百科全書とも言える性格をもっている。一八七八年一〇月、ドイツのビスマルク（＊2）政府が「社会主義者取締法」を制定したため、エンゲルスのこの著作も発行禁止となった（この悪法は一八九〇年廃止）。

＊1　**デューリング**、オイゲン（一八三三〜一九二一）　ドイツの著作家。最初はブルジョア的な俗流経済学者として出発、その後、「社会主義」の理論家を自称して、哲学、経済

一部が出版されて一〇年ほどたった一八七七～七八年にドイツ社会民主党〔★12〕の機関紙に連載され、その後本にまとめられたもので、デューリングという人物の諸「理論」を批判する形で、哲学、経済学、社会主義論などを展開した本なのですが、エンゲルスは、そのなかで『資本論』の解説をやるということを一つの基調にしたのです。この本は、『資本論』の研究のうえで必読の書の一つだと言えますが、エンゲルスは、そこで、経済学という学問について、たいへん興味ある問題を提起しました。

それは、〝いまある経済学は、ほとんど資本主義的生産様式の研究だけに限られているが、人類は、いろいろな形態の社会を経験しているのだから、資本主義以前の諸段階（封建制、奴隷制、原始共産制など）あるいは資本主義以後の段階（社会主義・共産主義の社会）を研究する経済学もありうる〟という問題です。エンゲルスは、資本主義以外の社会についての経済学を、「広義の経済学」（範囲を広げた経済学）と呼びました。そして、資本主義以前の社会についての経済についいて、いままでに確かな研究があるとしたら、それは、マルクスが『資本論』のなかで展開した研究以外にない、と述べています。マルクスにとっては、資本主義批判を完全に行なうために、資本主義以前の社会形態をも大まかにでも研究することが必要だったからだ、というのです。

「ブルジョア経済学にたいするこの批判を完全にやりとげるためには、生産・交換・分配の資本主義的形態を知っているだけでは十分でなかった。これに先行した諸形態や、発展の遅れている国ぐにに資本主義的形態と並んでいまなお存在している諸形態をも、同様に、せめて大まかにでも研究し比較しなければならなかった。そのような研究と比較とは、これまでのところ、全体として、ただマルクスだけが行なった。だから、ブルジョア期以前の理論経済学についてこれまで確かめられたことも、ほとんどまったくマルクスの研究のおかげなのである」

学、自然科学、社会主義論などの著作を発表、一時、ドイツの社会民主党に影響をおよぼした。

＊2　**ビスマルク**、オットー（一八一五〜九八）　ユンカー層（大地主勢力）の利益を代表するプロイセンの政治家。プロイセン首相（一八六二〜七二、七三〜九〇年）、ドイツ帝国宰相（さいしょう）（七一〜九〇年）。オーストリアとの王朝戦争（六六年）に勝って、「上からの」ドイツ統一を実現した。

★12　**ドイツ社会民主党**　歴史的には、一八六三年の全ドイツ労働者協会などの前史をもつが、一八六九年創立の社会民主労働者党を経て、一八七五年、ドイツ社会主義労働者党として成立。一八九〇年、ドイツ社会民主党と改名した。マルクスの「ゴータ綱領批判」（一八七五年、古典選書、全集⑲）は、社会民主労働者党の成立時に採択した党綱領への批判、エンゲルスの『一八九一年の社会民主党綱領草案の批判』（一八九一年、古典選書、全集㉒。「エルフルト綱領批判」と略称される）は、社会民主党への改名後の綱領草案への批判である。

（『反デューリング論』古典選書・上二一二～二一三ページ、全集⑳一五六ページ）。

これは、『資本論』のなかには、資本主義社会を史的唯物論の立場で見た成果が盛り込まれているだけでなく、もっと広く人類社会の諸段階をその目で見た成果も、込められている、ということです。そういう意味では、史的唯物論の分野で、われわれが『資本論』からくみ出せる理論的な財産には、たいへん大きなものがあります。

弁証法の合理的な核心

次に、弁証法の問題ではどうでしょうか。ここでも、『資本論』と弁証法の関係を問題にした、いくつかの文章を紹介することにします。

まず最初は、一八五八年一月、『資本論』にいたる準備草稿〔★13〕の一つである『一八五七～五八年草稿』（この中身はあとでふれます。本冊六七ページの★42、八一ページ）を書いている途中に、エンゲルスに書き送った手紙の一節です。はじめにある「仕事は具合よくはかどっている」という「仕事」とは、草稿執筆のことです。

「それはそうと、仕事は具合よくはかどっている。たとえば、これまで行なわれてきたような利潤学説を、僕はすっかりひっくり返してやった。問題を論じる方法の点では、ほんの偶然のことか――フライリヒラート〔★14〕がもとはバクーニン〔★15〕の蔵書だったヘーゲル

〔★16〕の本を数冊見つけて、僕にプレゼントとして送ってくれた――ヘーゲルの『論理学』

★13　**『資本論』の準備草稿**　『マルクス　資本論草稿集』として、『一八五七～五八年の経済学草稿』（全二巻）、『経済学草稿・著作　一八五八～一八六一年』（全一巻）、『経済学批判』（一八六一～六三年草稿、全六巻）が刊行されている（いずれも一九七八～九四年、大月書店）。

★14　**フライリヒラート**、フェルディナント（一八一〇～七六）　ドイツの民主主義派の詩人。長年マルクス、エンゲルスの友人で、共産主義者同盟（＊）にも参加。一八四八年の革命の時期には、「新ライン新聞」の編集者の一人。革命後、ロンドンに亡命し、やがて革命運動から離れた。

　＊　**共産主義者同盟**　世界最初の共産主義者の国際的革命政党。ドイツ人亡命革命家を中心とした秘密結社「正義者同盟」が、一八四七年夏、マルクス、エンゲルスの指導のもとに共産主義者同盟に改組された。『共産党宣言』（一八四八年）は、この同盟の委託を受けて、マルクス、エンゲルスが執筆した党綱領である。

★15　**バクーニン**、ミハイル・アレクサンドロヴィチ（一八一四～七六）　ロシアの革命家。国際労働者協会にもくわわったが、マルクスを敵視する立場から「社会民主同盟」を組織して分派活動を行ない、一八七二年のハーグ大会で同協会を除名された。無政府主義の主唱者。

をもう一度ぱらぱらめくってみたのが、大いに役に立った。もしいつかまたそんな仕事をする暇（ひま）でもできたら、ヘーゲルが発見はしたが、同時に神秘化してしまったその方法における合理的なものを、印刷ボーゲン〔★17〕二枚か三枚で、普通の人間の頭にわかるようにしてやりたいものだが」（マルクスからエンゲルスへ　一八五八年一月〔★18〕　全集㉙二〇六ページ）。

ヘーゲルの『論理学』というのは、観念論の立場で弁証法をもっとも詳細に展開した本です。マルクスは、大学時代はたいへん熱心なヘーゲル派でしたから、もちろん、『論理学』の内容はよく知っていたのですが、経済学の草稿を書きながら、ヘーゲルの『論理学』にもう一度目を通してみた、それがたいへん役に立った、という手紙です。

マルクスはこの手紙のなかで、ヘーゲルが「神秘化」した弁証法の方法のなかから「合理的なもの」をつかみだすことの重要性について、述べていますが、彼は、この問題を、『資本論』第一巻の「あと書き（第二版への）」のなかで、より詳しく説明しています。

「ヘーゲル弁証法が〔事物を〕神秘化する側面を、私は三〇年ほど前に、それがまだ流行していた時代に批判した〔★19〕。……弁証法がヘーゲルの手のなかでこうむっている神秘化は、彼が弁証法の一般的な運動諸形態をはじめて包括的で意識的な仕方で叙述したということを、決してさまたげるものではない。弁証法はヘーゲルにあってはさか立ちしている。神秘的な外皮のなかに合理的な核心を発見するためには、それをひっくり返さなければならない。

その神秘化された形態で、弁証法はドイツの流行となった。というのは、それが現存するも

★16　**ヘーゲル**、ゲオルク・ヴィルヘルム・フリードリヒ（一七七〇～一八三一）　ドイツ古典哲学のもっとも重要な代表者。客観的観念論の体系のなかで弁証法を展開した。主著には『論理学』（＊）がある。

＊　**『論理学』**　ヘーゲルの哲学の中核をなすもので、『大論理学』（一八一二～一六年）と『小論理学』（一八一七年）の二つの著作がある（著作名は邦訳名）。

★17　**ボーゲン**　八折版の印刷用紙のことで、一ボーゲンは一六ページに当たる。

★18　**手紙の日付**　新『マルクス・エンゲルス全集』（新『メガ』、国際マルクス・エンゲルス財団）は、一月一四日と推定している。

★19　**三〇年ほど前のヘーゲル批判**　『資本論』第二版への「あとがき」の執筆は一八七三年一月、その「三〇年ほど前」とは、一八四三年前後ということになる。その時期のマルクスの「ヘーゲル批判」で、時期的に一番近いのは、「一八四四年の経済学・哲学手稿」の最後の章になる。この章には、全集編集者が「ヘーゲル弁証法と哲学一般との批判」という題名をつけた。また、翌四四年には『聖家族』（マルクス、エンゲルス）でヘーゲル批判を行なっている（同、第五章「2　思弁的構成の秘密」〈マルクス執筆〉）。

なお、マルクスの弁証法観とその発展については、不破『マルクス　弁証法観の進化を探る——「資本論」と諸草稿から』（二〇二〇年、新日本出版社）を参照されたい。

のを神々しいものにするように見えたからである。その合理的な姿態では、弁証法は、ブルジョアジーやその空論的代弁者たちにとっては、忌まわしいものであり、恐ろしいものである。なぜなら、この弁証法は、現存するものの肯定的理解のうちに、同時にまた、その否定、その必然的没落の理解を含み、どの生成した形態をも運動の流れのなかで、したがってまたその経過的な側面からとらえ、なにものによっても威圧されることなく、その本質上批判的であり革命的であるからである」（『資本論』①三三一～三四ページ、〔Ⅰ〕27～28ページ）。

ここで「肯定的理解」のうちに「必然的没落の理解」を含む、というのは、大事な点の一つですから、若干の解説をくわえておきましょう。どんな事物でも、いま現にそこにあるということは、存在するだけの現実的な根拠をもっているということで、それを理解することが、その事物にたいする「肯定的理解」です。しかし、「肯定的理解」とは、その事物がいつまでも同じ形態で存在し続けることを主張することではありません。どんな事物も「運動の流れ」のなかにあり、その状態をたえず変化させ、さらにはその段階を乗り越えるという「経過的な側面」をもっています。この側面も事実にもとづいて的確にとらえ、その「否定」と「没落」の必然性をも理解する――ここに、弁証法の批判的で革命的な本質があるのです。

『資本論』にとって、弁証法がどんなに深い意味をもつかは、マルクスのこれらの言葉から分かる、と思います。

マルクスがみずから説明しているように、弁証法を唯物論の立場でつくりかえ、ヘーゲルにあっては「神秘的な外皮」に包まれていた「合理的な核心」を取り出し仕上げて、それを意識的に活用したのが、『資本論』なのです。もちろん、そこでは、これが弁証法だよといった、まとまった弁証法解説があるわけではありません。弁証法は、『資本論』に展開される問題のとらえ方、いろいろな経済現象や運動形態への迫り方、論理の進み方などのなかにあるのであって、そこを読み取る努力を、いつも忘れないようにしたいものです。

『資本論』と弁証法――レーニンのノートから

三つ目に、もう一度、レーニンの言葉を引きましょう。史的唯物論についての先ほどの引用は、若い時代のレーニンの文章でしたが、『資本論』と弁証法についての今度の文章は、もっとあとの時代のレーニン、第一次世界大戦中、スイスに亡命して、そこの図書館で猛烈にヘーゲルの勉強をした時のものです。この時、レーニンは、ヘーゲルの『論理学』や『哲学史』など、ヘーゲルの著書やヘーゲル研究書をたくさん読んで、重要なところを抜粋したり、自分の論評を書き込んだりしました。そのノート〔★20〕のなかに、『資本論』と弁証法について書いた一連の文章があります。そのなかから、二つの名文句を紹介しましょう。

一つは、『資本論』を読む上で、弁証法の理解の重要性を説いた文章です。

「警句：ヘーゲルの『論理学』全体をよく研究せず理解しないではマルクスの『資本論』、とくにその第一章を完全に理解することはできない。したがって、マルクス主義者のうちだれひとり、半世紀もたつのに、マルクスを理解しなかった!!」（レーニン「ヘーゲルの著書『論理学』の摘要」〔★21〕全集㊳一五〇～一五一ページ）。

もう一つは、『資本論』そのもののなかに弁証法の論理学があることを指摘した文章です。

「マルクスは『論理学』（大文字で始まる）〔★22〕をのこさなかったとはいえ、『資本論』の論理学をのこした、そしてこれは与えられた問題について十分に利用されるべきであろう。『資本論』のなかでは、ヘーゲルにあるすべての価値あるものを取りいれ、そしてこの価値あるものを前進させたところの唯物論の、論理学、弁証法および認識論［この三つの言葉は必要ではない：これらは同一のものである］が、一つの科学に適用されている」（レーニン「ヘーゲルの弁証法（論理学）のプラン」〔★23〕同前二八八ページ）。

レーニンの二番目の文章のなかで、〝「論理学」と「弁証法」と「認識論」が同一のものだ〟という議論は、分析的に読めばかなり複雑な内容をもつものですが、ここでは、とりあえず、弁証法＝論理学の重要性を強調した文章として読んでください。レーニンがこうして口をきわめて力説するほど、弁証法の問題でも、『資本論』は、尽きせぬ財産を含んでいるのです。

★20　**レーニンのノート**　レーニンは、第一次世界大戦中、亡命先のスイスでヘーゲルの諸著作の研究を行なった。レーニン死後、この時期の一〇冊のノートが、『哲学ノート』と題して、刊行された（全集㊳）。なかでも中心をなすのは、ヘーゲル哲学の研究で、彼の著書『論理学』と『哲学史講義』などの研究ノートが日本語版全集で、ほぼ二百数十ページにもおよんでいる。

★21　**「ヘーゲルの著書『論理学』の摘要」**　レーニンが作成したヘーゲルの『大論理学』および『小論理学』についての三冊のノート（一九一四年九月～一二月）。『哲学ノート』に収録されている（全集㊳）。

★22　**「太文字で始まる」**　この言葉が指しているのは、論理学一般ではなく、著書としての『論理学』、という意味。

★23　**「ヘーゲルの弁証法（論理学）のプラン」**　この覚書は、表紙に「哲学」と書いたノートのなかにある（一九一五年作成）。『哲学ノート』に収録（全集㊳）。

『資本論』は、マルクスの「社会主義的見解の基礎」を叙述した本（エンゲルス）

最後に、社会主義論です。この問題でも、一つの文章から始めましょう。

これは、一八七七年に、エンゲルスが、ドイツのある出版社〔★24〕に頼まれて書いた、カール・マルクスの人物紹介の一節です。「社会主義に、よってもって今日の労働運動全体に、はじめて科学的基礎をあたえた人、カール・マルクスは、一八一八年にトリールに生まれた」（「カール・マルクス」全集⑲一〇四ページ）というところから始まって、前半ではマルクスの活動の歴史を、後半ではマルクスの理論的発見のあらましを説明しているのですが、前半の歴史の部分での『資本論』紹介の文章が、たいへん面白いのです。

「とうとう一八六七年、ハンブルクで『資本論。経済学批判、第一巻』――マルクスの経済学的＝社会主義的見解の基礎と、現存社会つまり資本主義的生産様式とその諸結果とにたいする彼の批判の大綱とを叙述したその主著――が出版された」（同前一〇八ページ）。

『資本論』は「マルクスの経済学的＝社会主義的見解の基礎」を叙述した「主著」だというのは、マルクスの経済学的見解と同時に、マルクスの社会主義的見解が、『資本論』の主要な内容をなしている、ということです。〝『資本論』には、経済学の基礎があるだけではない、マルクスの社会主義論の基礎もここにある、これが『資本論』の特徴だ〟ということを、エンゲルスがずばり特徴づけて『資本論』紹介としている、ここに、なによりも注目すべき点があるのではないでしょうか。

ところが、『資本論』を読んだり、『資本論』の話をしたりする時に、その面をあまり見ないで、資本主義社会の研究という面からだけ、この本を見ようとする人が、わりあいに多いように思います。それだけに、私は、『資本論』が、マルクスの「社会主義的見解の基礎」を書いた著作だということを、とくに強調したいのです。

実際、マルクスは、いろいろな著作のなかで、社会主義・共産主義のことを論じていますが、これほど詳しく、また多面的に、自分の社会主義・共産主義論を書いた著作は、『資本論』のほかにはありません。

★24　**ある出版社**　依頼者は、ドイツの都市ブラウンシュヴァイクで社会主義文献の発行の仕事をしていたヴィルヘルム・ブラッケ（＊）だった。掲載した出版物は、『フォルクス・カレンダー』（ドイツ社会主義労働者党の年鑑で、ブラッケが編集長）。

＊　**ブラッケ**、ヴィルヘルム（一八四二〜八〇）　ドイツの社会民主党員。ドイツの社会民主労働者党（アイゼナハ派）の創立者の一人で、同党の指導者。マルクス、エンゲルスと親しく、同党内の日和見主義派とたたかった。

しかも、『資本論』は、マルクスが自分の社会主義・共産主義論を仕上げた著作です。それまでにも、共産主義論を正面からの主題にした著作に、たとえば、エンゲルスと共同で書いた『共産党宣言』（一八四八年）があります。しかし、『共産党宣言』を書いたのは、科学的社会主義の形成の歴史で言えば、まだ初期の段階で、その時には、搾取の理論、剰余価値の理論もまだできあがっていませんでした。

科学的社会主義の理論の中心部分をなす経済学説は、剰余価値学説を含めて、『資本論』を準備し執筆する過程で、初めて仕上がったわけで、その意味では、科学的社会主義の学説全体が、『資本論』の段階で仕上がったと言ってよいでしょう。ですから、社会主義・共産主義論についても、マルクスは、『資本論』のなかで、彼の「科学の目」がいちばん成熟した段階での見解を展開しているのです。しかも、その論点は、きわめて多角的です。

ですから、エンゲルスが言うように、『資本論』には、資本主義の経済学があるだけではなく、マルクスの社会主義的見解の基礎もあるのだということをきちんとつかんで、この本を読むことが、非常に重要です。

以上、経済学、史的唯物論、弁証法、社会主義論と、四つの角度について話しました。

講義は、当然、経済学が中心になりますが、その他の三つの面、なかでも、マルクスの社会主義・共産主義論については、よく注意して取り組んでゆきたい、と思います。

二一世紀に『資本論』を読む意味

われわれは、二〇〇一年から二一世紀に足を踏み込みました。世紀の変わり目と言っても、実態は、人間が勝手に一〇〇年ごとに歴史を区切っているということなのですが、やはり世紀が変わる時期というのは、それだけの視野で人間が新しい展望をつかむ時代です。

そういう時期――世界史や人類史が激動する新しい世紀を迎えた時に、「科学の目」の集大成とも言える『資本論』をおたがいに勉強するということには、非常に意味深い現代的な意義があると思います。

私は、二〇〇一年の「赤旗まつり」の講演やテロと世界情勢についての「朝日新聞」インタビュー、二〇〇二年の正月の「しんぶん赤旗」の新春インタビューなどで、新しい世紀の問題を、いろいろな角度から考えてきましたが、私自身、二一世紀を迎えた世界と日本の情勢の新しさを実感しています（『二十一世紀と「科学の目」』〈二〇〇一年〉と『二十一世紀はどんな時代になるか』〈二〇〇二年〉として刊行。新日本出版社）。

この問題で、先日、一つの投書が寄せられました。私が二〇〇二年の新春インタビューで、〝二一世紀ぐらい、先々が晴れ上がって見える世紀はない〟と話したことについて、びっくりした、という投書でした。〝私は、暗い世紀になると思っていた〟と言うのです。

しかし、二〇世紀をふりかえってみてください。本当に明るいと言えた年は、ほとんどなかった、と思います。しかし、一〇〇年たって、歴史をまとめてふりかえると、二〇世紀のあいだに世界史が描いてきた進歩の足取りには、巨大なものがありました。私は、二一世紀は、世界史の前進、人類史の発展という点で、それ以上の時代となることは間違いないし、また私たちの努力でそうしなければならないと考えています。

そういう展望をもちながら、『資本論』をそのための指針としても読んでゆきたい、と思います。

二　私の『資本論』との出会いについて

次の話に進みます。

それは、私が、どういう立場で、『資本論』の講義をするか、という問題です。

先ほど私は、〝これまでは、党学校などで、ほかの古典の講義はしても、『資本論』の講義をする気にはならなかった〟と言いましたが、それにはそれなりの理由があったのです。それは、

『資本論』をいろいろ読んではきたものの、その全貌をとらえ得たという気持ち、自分なりにせよ自分のものにしたという気持ちをもてなかったからでした。

いまも、全貌をとらえる取り組みと努力の最中であることには変わりはないのですが、そのなかでも、最近、悟るところがありました（笑い）。全貌の一端ぐらいは、ある程度わかってきたかな、という感じをもったわけで、そこに今度、『資本論』の講義をする気になった根拠があります。

最初の出会いは一九四七年

私が『資本論』と出会ったのは、五五年前のことになります。日本共産党に入ったのが一九四七年の一月、一七歳の誕生日を迎える一〇日ほど前のことでした。旧制一高〔★25〕の寮で、社会科学研究会の部屋で暮らしていた時で、そこで『資本論』の勉強を最初にやりました。初めて

★25　**旧制一高**　「旧制」とは、戦後の学制改革以前の学校制度のことで、中学（五年制）―高校（三年制）―大学（三年制）となっていた。不破は、その旧制高校の最後の卒業生（一九四九年卒業）となった。

見た『資本論』は、戦前版で、ここに持ってきましたが、高畠素之（たかばたけもとゆき）〔★26〕という人が翻訳者でした。後にファシズム派になった人で、中身をよく分かって訳しているわけではないのでしょうが、戦前は『資本論』の完訳はこれしかなかったのです。戦後も最初の時期には、古本屋でこの戦前版を見つける以外には、『資本論』は読めませんでした。

新しい訳が出始めたのは敗戦の翌年で、長谷部文雄（はせべふみお）〔★27〕という人の訳した『資本論』の第一冊目が一九四六年に出版されました（日本評論社）。これが広く読まれたのです。また、一九四七年には、『資本論』のドイツ語原本の復刻版が出始めました（ナウカ社）。私は、一九四七年の一月に日本共産党に入ったのですが、戦前版を手に入れると同時に、新しい訳本も買い、ドイツ語版についても、一高の社会科学研究会で東大の助手の人を講師に呼んで、辞書を引き引きドイツ語での読書サークルをやったものです。

この出会いの年から数えますと、今年（この講義を行なった年、二〇〇二年）で五五年になります。その頃読んだ『資本論』で手もとに残っているものを、いま取り出してみると、傍線を引いたり、あれこれ書き込みをしたりはしていますが、そもそも筋を追うこと自体がたいへんで、書き込みがあるからといって、その部分が頭に入ったわけではない、ともかく字面（じづら）を追って読んだ、ということでした。

刺激の多かった雑誌でのマルクス主義論争

ただ、当時の状況がいまと違うのは、総合雑誌などの論壇で、マルクス主義の流れが圧倒的に大きかったことです。

戦争が終わるまでは、マルクス主義というのは、思想そのものがまったく非合法で、普通の人は、それに触れることがいっさいありませんでした。私などは中学時代に古本屋歩きをよくやったものですが、郊外の本屋の棚に、『マルクス・エンゲルス全集』〔★28〕の一冊をぽつんと見つ

★26　**高畠素之**（一八八六～一九二八）　初期には社会主義運動にくわわり、第一次世界大戦後は、ファシズム（国家社会主義）運動に転落した。その間、『資本論』全巻の翻訳を刊行した（一九一九～二四年）。

★27　**長谷部文雄**（一八九七～一九七九）　日本の経済学者。第二次大戦後における『資本論』の最初の完訳者。

★28　**『マルクス・エンゲルス全集』**（改造社）　一九二八年から三五年にかけて、全二七巻（三〇冊、第七巻が三冊、第一六巻が二冊）、別巻、補巻1の計三二冊で刊行された。完結した

けたりすることがあるのです。そんな時には、なにか怖いものを見たような気がして、触ることはもちろん、近寄ることもできなかったものでした。

それが、戦争が終わって、出版も自由になりました。自由になったと言っても、物資不足で紙がありませんから、まず薄いパンフレット型で、マルクス、エンゲルス、レーニンなどの本の出版が始まりました。雑誌の出版もいろいろなところで始まりました。雑誌と言っても、いまの分厚い雑誌とは違って、一冊四八ページとか六四ページ、厚いものでも一〇〇ページに満たない、そんな時代でしたが、そこで議論される論争と言えば、マルクス主義に関するものが、大部分を占めるようになってきました。

日本では、戦前、「講座派」と「労農派」の論争〔★29〕というものがありました。「講座派」というのは、党の幹部だった野呂栄太郎（のろえいたろう）〔★30〕が中心になって、岩波書店から『日本資本主義発達史講座』というものを出版したところから、その名がついたのです。いろいろな学者、研究者が参加しましたが、その理論的な立場は、党の方針にそって、日本資本主義が、発達した資本主義でありながら、絶対主義的天皇制や寄生地主的土地所有など、半封建的な体制を残していることを、歴史に即して実証し、民主主義革命が日本社会の避けられない課題であることを明らかにするところにありました。

これにたいして、「当面の革命は社会主義革命だ」と主張し、天皇制を問題にしないで、ブルジョアジーだけを問題にするという、社会民主主義の系統の学者たちが、「労農派」をつくって

「マルクス・エンゲルス全集」としては、世界初のものだった。

★29　**「講座派」と「労農派」**　戦前の日本のマルクス主義運動の二つの潮流。「講座派」は、戦前日本社会の特殊性（絶対主義的天皇制、寄生地主的土地所有の存在など）を正面からとらえて、当面する革命をブルジョア民主主義革命と意義づけた。「労農派」は、日本が独占資本主義国だという一面だけを見て、社会主義革命論をとなえた。「講座派」の名前は、この潮流が、『日本資本主義発達史講座』（全七巻、一九三二〜三三年）を刊行したことに、「労農派」の名前は、この潮流が発行していた雑誌『労農』の誌名に由来する。

★30　**野呂栄太郎**（一九〇〇〜三四）　戦前の日本共産党の指導的幹部の一人。主著は『日本資本主義発達史』（一九三〇年）。前述の『日本資本主義発達史講座』の計画でも指導的役割を果たした。一九三三年一一月、弾圧で破壊された党指導部の再建中に逮捕され、拷問による病状悪化で、三四年二月、死亡した。

野呂の理論活動と『日本資本主義発達史講座』については、不破「野呂栄太郎と『日本資本主義発達史講座』刊行八〇年」、「戦前の理論史と野呂栄太郎――一九三〇年代に焦点を当てて」（ともに二〇一二年）を参照。二編ともに『歴史から学ぶ――日本共産党史を中心に』（二〇一三年、新日本出版社）に収録。

対抗しました。「労農派」も、マルクス主義を名乗っていましたから、この二つの派のあいだの論争は、日本資本主義や日本革命の性格をめぐる論争であると同時に、マルクス主義をめぐる論争という形をもとりました。

この論争が戦後の論壇に復活してきて、新しい流れもくわわり、いろいろな論争が行なわれました。私なども、それに関連した論争は、月々に出る雑誌を片端から買い集めては読んだものです。こうして、『資本論』がよく分からなくても、若いなりにいろいろな論争に首を突っ込みました。そのなかで、いろいろな角度から、『資本論』にもかかわってきます。たとえば、日本の資本主義論争に関連して、再生産論も、論争の大きなテーマの一つになり、レーニンの論文なども、そこで問題になりました。私が、再生産論を勉強したのは、まずこういうことからで、『資本論』を第二部まで読み進むよりも、論争の研究の方が先でした。また、戦前からの論争に、農業問題では地代論論争というものがありました。『資本論』第三部の地代論のいちばん面倒なところにも、こういう論争を通じて触れたわけです。

このように、雑誌の世界でのマルクス主義論争が盛んでしたから、私たち学生もたえずそれに刺激され、論争問題ともからみあいながら『資本論』を勉強したというのが、当時の一つの特徴でした。

当時の論壇にさっそうと現われたものに、歴史の分野で、〝大塚史学〟（大塚久雄〔★31〕氏の史学）がありました。これは、イギリスの資本主義がどのようにして発展してきたかの研究をもとに、近代社会の発生と発展の過程を、新鮮な角度を設定して探究したものでした。この〝大塚史学〟が、理論的な足場にしていたのも『資本論』で、第一部の資本の本源的蓄積にかかわる研究（第二四章、『資本論』④）、第三部の商業資本の歴史（第二〇章、『資本論』⑨）や資本主義的地代の発生史の研究（第四七章、『資本論』⑪）などが、縦横に活用されていました。この〝史学〟をめぐっても、活発な論争がたたかわされました。

論争のなかの議論には、まともだと思えるものもあれば、首をかしげざるをえないものもありましたが、そこで問題になる学問の世界は圧倒的にマルクス主義でしたから、どんな論争も、興味津々（しんしん）で読んだものです。

個別の研究のなかで

こういうなかで、高校時代に、ともかく『資本論』は一応読みとおしました。考えてみると、そのあとの時期には、『資本論』を始めから終わりまでまとまって読み返したということは、記

★31　**大塚久雄**（一九〇七～九六）　経済史学者。『近代欧州経済史序説』（一九四四年）、『近代資本主義の系譜』（四七年）などの業績で、いわゆる〝大塚史学〟をきずいた。

憶にあまりないのです。あとは、必要に応じて引き出す——おおよその組み立ては分かっているということで、必要に応じて、参考になりそうなところを読む、といった読み方でした。

研究論文でも、国家独占資本主義をめぐる誤った流れを批判するとか、(注)「経済的社会構成体」、「アジア的生産様式」〔★32〕などマルクスのあみだした概念の意味を明らかにするとか、(注)そういう問題を取り上げる時には、その度に『資本論』を読みましたが、これも、全体に目を通しはするが、主な注意はその時どきの研究に関する問題点に集中するといった読み方で、通読と言えるものではありませんでした。

(注)「国家独占資本主義論における修正主義　井汲・今井理論批判」(一九六三年、上田耕一郎との共著『マルクス主義と現代イデオロギー』下、一九六三年、大月書店、収録)、「社会構成体論争と史的唯物論」(一九七五年、不破『史的唯物論研究』一九九四年、新日本出版社、収録)、「マルクスの社会発展史論とアジア的生産様式」(一九七八年、同前『史的唯物論研究』収録)。

『資本論』にかかわるこの時期の研究で、われながら面白い研究だったと思っているのは、「マルクスと日本」についての研究です。

『資本論』には、日本のことが随分出てくるのです。そして、幕末の日本についてのマルクスの発言が、戦前の日本資本主義論争のなかで、理論的指針としての役割を果たしたこともありました。

『資本論』を書く数年前の、マルクスとエンゲルスとの手紙を読むと、マルクスが日本とジャワとを書き間違えて、エンゲルスに反問されて、誤りの訂正をするといったやりとりがあります（一八六二年）〔★33〕。こんなところから見て、この時点では、国際情報の一部に登場する国と

★32　**アジア的生産様式**　マルクスが一八五九年に、人類史の発展段階の一つとして位置づけたもの。人間社会の歴史では「大づかみに言って、アジア的、古代的、封建的、および近代ブルジョア的生産様式が、経済的社会構成体の進歩していく諸時期として特徴づけられよう」（『経済学批判』への「序言」　古典選書一五～一六ページ、全集⑬七ページ）としたものが、最初の規定づけとされている。

マルクスがそこで明確な内容規定をしなかったため、その規定の内容は論争問題となってきた。不破は、マルクスが人類の最初の発展段階を規定した概念だから、当然、原始共同体の段階を指す、と解釈している。その見解の詳細は、不破「マルクスの社会発展史論とアジア的生産様式」（『科学と思想』第二九号、一九七八年七月、『史的唯物論研究』収録）。

★33　**マルクス、エンゲルスのやりとり**　マルクス（一八六二年三月三日付　全集㉚一七八ページ）、エンゲルス（同年三月五日付　同前一七九ページ）、マルクス（同年三月六日付　同前一

いった程度の軽い認識しかもっていなかったらしいことが、推察されます。ところが、そのマルクスが、『資本論』では、〝日本通〟として登場していて、農業の事情はこうだ、政治体制にはこんな特徴がある、庶民の生活はこんな調子だなど、広範囲な日本知識〔★34〕を披露するのです。しかも、それがたいへん正確で、先ほども述べたように、マルクスの命題が、二〇世紀の日本での資本主義論争で〝指導的〟役割を果たしたりしたほどでした。

マルクスは、それだけの日本知識を、いったいどこから仕込んだのか。私は、このことを前々から疑問に思っていました。

この多年の疑問が、思わぬ機会から解けたのです。一九八一年、国会の衆院予算委員会の総括質問（二月）で、千島問題を取り上げようと思い、千島の領有をめぐる歴史事情の研究のために、幕末の外交資料をいろいろ調べ、その一環として、外国から日本に来た人たちの日本訪問記を、手に入る限り読みましたが、そのなかに、幕末の日本に来た初代のイギリス公使オールコック〔★35〕の『大君の都――幕末日本滞在記』がありました。岩波文庫でかなり厚い三冊本ですが、これを読んでみると、驚いたことに、マルクスが『資本論』で書いている日本事情が、全部出てくるのです。

〝マルクスが、『資本論』を書く前にオールコックを読んだことは間違いない〟と思い、国会の質問が終わってから、『資本論』におけるマルクスの日本論の情報源は何だったのか、という論文を書きました。それが、その年の雑誌『前衛』五月号に発表した「マルクスと日本」〔★36〕

八〇ページ)。

★34　**マルクスの日本知識**　『資本論』には、次のような日本紹介の文章がある。

「日本は、その土地所有の純封建的組織とその発達した小農民経営とによって、……われわれのすべての歴史書よりもはるかに忠実なヨーロッパの中世像を示してくれる」(第一部第七篇第二四章、『資本論』④一二五一ページ、〔Ⅰ〕７４５ページ)

「もし、ヨーロッパによって押しつけられた対外貿易が、日本において現物地代の貨幣地代への転化をもたらすならば、日本の模範的な農業もおしまいである。その狭い経済的存在諸条件は解消されるであろう」(第一部第一篇第三章、同前①二四五ページ、〔Ⅰ〕１５５ページ)

これらは、幕末の日本について、封建的な土地所有の組織やそれに支配された農民の経営が、中世のヨーロッパそっくりであり、開国後の外国との貿易が、日本の農業に破壊的な影響をおよぼすだろうと指摘したもので、当時の日本の社会の様子を的確に言い表わしていた。

★35　**オールコック**、ラザフォード(一八〇九〜九七)　イギリスの外交官。一八五九年、幕末の日本の初代公使として着任、六二年いったん休暇が許可されて帰国、六四年帰任し、イギリス、フランス、アメリカ、オランダの四国連合艦隊による下関砲撃などに関与するが、外相ラッセルの訓令に反したため帰国を命じられた。『大君の都――幕末日本滞在記』(二巻)は、帰でした（前掲『史的唯物論研究』収録）。

こういうように、その時どきの個別のテーマで、『資本論』を読む、必要な場合には、全体に目を通すということは、しばしばやりましたが、腰をすえて『資本論』の全体を研究する、という機会はありませんでした。

ふたたび『資本論』に立ち返る

そういう状態から、『資本論』の本格的研究へと進んできたのには、一つのきっかけがありました。まだ衆院選が中選挙区だった一九九〇年代の初めごろ、私の選挙区事務所で、事務所の人たちが『資本論』の勉強会を始めていたのです。何年越しかでやっていて、第二部に入っているというので、激励かたがた、勉強中の事務所を訪問しました。そこで驚いたのは、なんの補助的な支えもなしに、『資本論』を節ごとに区切って読み続けてきた、と聞いたことでした。

『資本論』という本は、やはりずっと読んでゆくには、補助的な支えが必要な本です。だいたい、ここは何を論じているところだとか、どこからどこへ行こうとしているのかとか、その地図ぐらいは持たないと、読めない本です。ところが、それなしに読み続けている。ちょうど再生産論をやっているところだったので、「僕らが若いころ、レーニンのこういう文献を参考にして読んだものだが」と話すと、「何も知らない」という調子でした。その場は、いま読んでいる箇所の参考になることを、ある程度話して、必要な文献も教えて済ませました。それから、『資本論』の勉強をしているというほかのグループの様子をあれこれ聞いてみると、同じように、必要な予備知識をもたないまま、『資本論』に取りついて苦労しているところが、ずいぶんあるように感じました。

そんな時、「学生新聞」〔★37〕から頼まれて、「いま『資本論』をどう読むか」という連載を、

国中の一八六三年に発行したもの。

★36　**マルクスと日本**　ここでは、マルクスの日本知識の源泉はオールコック『大君の都』ではないかと推定したが、その後、新『メガ』などの刊行によって、彼の読んだ日本関係の旅行記や報告書に、オールコックの著作が含まれていないことが明らかになった。私は、雑誌『経済』に、「マルクスと日本――探究の旅は終着点を迎えた」（二〇一七年一〇月号）を執筆して以前の推論の誤りを訂正し、その後の研究で到達した地点を明らかにした（同論文は、不破『「資本論」探究　全三部を歴史的に読む』下、二〇一八年、新日本出版社に収録）。マルクスの読んだ日本関係の諸文献については、『資本論』④一二五二ページの訳注＊5を参照。

★37　「**学生新聞**」　一九六一年二月〜二〇〇二年六月まで、一六五二号にわたって日本共産党中央委員会、ついで学生新聞社から発行された新聞。

一二回ほど続けました（同年一月〜七月）。それが、一九九五年のことでした（不破『対話　科学的社会主義のすすめ』一九九五年、新日本新書、収録）。

こういうことが一つの機会とも刺激ともなって、本格的にはしばらく遠ざかっていた『資本論』に取り組んでみるか、という気になったのです。ちょうど、エンゲルス没後一〇〇年の年だったので、エンゲルスと『資本論』のかかわりを追跡しようと考えて、雑誌『経済』に、「エンゲルスと『資本論』」という連載を九五年の一〇月から書き始めました。エンゲルスという人は、経済学の問題では、マルクスの陰にかくれる場合が多いのですが、若いころ、経済学についての労作（「国民経済学批判大綱」〈★38〉）を最初に書いてマルクスに理論的衝撃を与えたのは、実はエンゲルスでしたし、『資本論』の執筆と完成にたいする寄与も絶大なものがあります。この面でのエンゲルスの足取りをスケッチ的に描きだそうという趣旨で、最初は、数回程度の連載のつもりで始めたのですが、書きだしたら、スケッチ程度では止まらなくなって、結局、九六年一二月号まで、一五回続いてしまいました（一九九七年、同名単行本〈上・下〉として新日本出版社より刊行）。

エンゲルスからレーニンへ、そしてマルクスへ

この時、エンゲルスを研究してみて、マルクス、エンゲルスとレーニンとのあいだに、意外に

多くの接点があることが分かったのです。理論のつながりという面でも、マルクスの研究の延長線上の問題をレーニンが引き継いで解決したということも、ずいぶんあります。また人間の関係でも、思わぬつながりがあるのです。たとえば、マルクス、エンゲルスが親しくしていて、『資本論』のロシア語版の翻訳をしたダニエリソーンという人物がいます（本冊二九ページの補注★5の＊2も参照）。マルクスやエンゲルスと頻繁に文通をして、全集には、ダニエリソーンあての手紙がたくさん収録されています。

その人物が、一八九〇年代には、ナロードニキというマルクス主義反対の陣営（先ほど〈本冊二八～三一ページ〉紹介したミハイロフスキーもその一人でした）の理論家となって、レーニンと大論争をやるのです（★39）。ナロードニキ派の理論家として彼が使ったペン・ネームは、ニコラ

★38　**「国民経済学批判大綱」**　エンゲルスが一八四三年末ないし一八四四年一月に執筆し、『独仏年誌』（一八四四年）に発表した労作（全集①）。この論文を『独仏年誌』に寄稿したことが、マルクスとエンゲルスの生涯にわたる親交の出発点となった。本冊一六四～一六七ページの「〈解説〉『独仏年誌』でのエンゲルス論文とは？」を参照。

★39　**レーニンとの論争**　この問題は、不破『古典への旅』（前掲）の最後の章「ロシア問題とレーニン」のなかで検討したことがある。同書二〇四～二一六ページ参照（「1　ロシアのナ

イ・オンでした。私は、戦後、レーニンの当時の論争文献を読んだ時から、ニコライ・オンという論争相手の名前はよく知っていました。しかし、そのニコライ・オンが、マルクス、エンゲルスの友人だったダニエリソーンと同一人物だったということを知ったのは、だいぶ後になってでした。ここでも、マルクス、エンゲルスとレーニンのあいだの、たいへん太い興味ある接点が、前出の「エンゲルスと『資本論』」の研究のなかで浮かび上がってきました。

一八九〇年代、レーニンがニコライ・オンと論争をしている最中、同じ人物が、ダニエリソーンの名でエンゲルスと文通をかわし、ロシア問題でしきりに意見をかわしている、ちょっと見ると、矛盾する光景ですが、論争や文通の中身をよく読んでみると、面白いのです。ロシアの将来についての見方では、レーニンの見方とエンゲルスの見方が一致していて、ロシアでは資本主義の発展は不可能だというダニエリソーンの間違った見方にたいして、二人とも、理論的にはほぼ共通する立場から批判をくわえています。

エンゲルスとレーニンは、世代がだいぶ違います。エンゲルスは一八二〇年生まれ、レーニンは一八七〇年生まれ、ちょうど五〇歳違いで、レーニンが革命運動にくわわった一八九〇年代には、エンゲルスはまだ健在でした。残念ながら、二人は会ったことも、手紙のやりとりをしたこともないままに終わりましたが、ダニエリソーンの間違ったロシア論、革命論にたいして、エンゲルスが友人としてではあるが正面からの批判をくわえた手紙〔★40〕の内容と、若いレーニンが、マルクス主義を懸命に勉強し、その見地から批判を展開した論争文の内容が、ぴったり一致していたことには、感心させられました。

そんなことも含めて、レーニンの『資本論』とのかかわり、より広くはマルクス、エンゲルスとの理論面、実践面でのかかわりを、少しまとめて研究してみようかと思って、一九九七年の一〇月号から雑誌『前衛』に連載を始めたのが、「レーニンと『資本論』」でした。これも、例によって、書き始めたら、最初の予定よりは長くなってしまって、二〇〇一年四月号まで、四三回の大連載となりました（一九九八～二〇〇一年、同名単行本〈全七巻〉として新日本出版社より刊行）。私たちの研究は、「計画経済」的な仕事というわけにはゆきませんから（笑い）。

いまは、同じ雑誌に、二〇〇二年の一月号から、「マルクスと『資本論』――再生産論と恐慌」の連載を始めています。これも、実は、「レーニンと『資本論』」を書くなかで、構想が生まれてきたものでした。

ロードニキとの交流」、「2　エンゲルスとレーニンのロシア問題での接近」）。

★40　**エンゲルスの手紙**　とくに重要なのは、一八九二年九月二二日（全集㊳）、一八九三年二月二四日（全集㊴）、同年一〇月一七日の手紙（同前）。なかでも、第三の手紙に、エンゲルスの見解の最も詳細な展開がある（同前一三五～一三七ページ）。いずれも、『マルクス、エンゲルス書簡選集』下巻に収録（第三の手紙は同書二四〇～二四三ページ）。

先ほど、戦後、私が『資本論』を読み始めたころ、レーニンの再生産論が論壇でも大きな問題になったことを話しました（本冊五四～五五ページ）。レーニンは、ロシア資本主義の研究に不可欠の理論的な道具立てとして、再生産論（実現理論とも言います）を研究し活用したのですが、この研究のなかで、マルクスの恐慌理論を深め理論づけたことが、レーニンの功績として、大きな注目が寄せられていました。ところが、「レーニンと『資本論』」の研究のなかで、あらためて当時のレーニンの文章を検討してみると、そこに恐慌論との関連を見たのは、読むものの側の思い込みにすぎず、レーニン自身には、これらの文章のなかで恐慌論を展開するつもりなど、まったくなかったことが、はっきりしてきました〔★41〕。

では、再生産論と恐慌論との関連はどうとらえるべきなのか、もっと広く言えば、マルクスの恐慌理論そのものは、どういう組み立てになっているのか。これは、実は、問題意識としては、私がかなり以前からもっていたものでしたが、この問題を解決したい、という研究意欲が、強烈にわいてきました。

問題解決のカギはどこにあるのか。そのヒントは、「エンゲルスと『資本論』」の研究のなかにありました。エンゲルスと『資本論』とのかかわりあいを追跡するなかで、私は、『資本論』の成立にいたる歴史を、あらためて勉強しなおしました。そこには、これまでの経済学者たちの業績を記録した無数の抜粋ノートとともに、『一八五七～五八年草稿』〔★42〕、『一八六一～六三年草稿』〔★43〕など、『資本論』を準備する途上で書かれた膨大な草稿の累積があります。そのなかには、マルクスの経済理論の形成の過程が、マルクス自身の筆で記録されています。そのノートや草稿のなかから、再生産論や恐慌論についてのマルクスの思考のあとをたどれば、マルクスの問題意識も、それを具体化していった筋道も、あらためてつかみだせるし、『資本論』にその成果がどれだけ反映しているのか、問題意識をもちながら、『資本論』では具体化するにいたらなかった問題はないのか、あるとしたら、それはどういう問題なのか、などなど、それらの全貌

★41　この点については、不破『レーニンと「資本論」』第一巻一九七〜二〇四ページ参照。

★42　**『一八五七〜五八年草稿』**　マルクスが一八四〇年代に開始した経済学研究を踏まえて、一八五七年一〇月〜一八五八年五月に書き上げた、ノート七冊からなる経済学草稿のこと。『経済学批判要綱』とも言う（日本語訳は、『マルクス　資本論草稿集1、2』、大月書店）。これは、出版のためではなく、マルクス自身の自己了解のための草稿であり、一八五九年には、この草稿から「商品」と「貨幣および商品流通」の部分を仕上げて、『経済学批判』として刊行した。

★43　**『一八六一〜六三年草稿』**　『経済学批判』の出版後、それに続くものとしてマルクスが執筆した二三冊からなる経済学草稿のこと（日本語訳は、『マルクス　資本論草稿集4〜9』、大月書店）。

が姿を現わしてくるに違いないと、考えました。こういう考えから、私は、「レーニンと『資本論』」の執筆と並行して、再生産論と恐慌理論の形成過程をたどりなおす仕事に取り組んだのです。

連載を始めた「マルクスと『資本論』」は、こういう経過を経て、生まれたものでした（この連載は『経済』二〇〇二年一月号から同年一〇月号まで一〇回で、二〇〇三年に同名単行本〈全三巻〉として新日本出版社より刊行）。

『資本論』を『資本論』自身の歴史のなかで読む

こういう仕事をしてくるなかで、私には、一つ、悟るところがありました。それは、〝『資本論』は、『資本論』自身の歴史のなかで読んでこそ、今日に生かせる〟ということです。

私は、「レーニンと『資本論』」を書く時、〝レーニンをレーニン自身の歴史のなかで読む〟という言葉を、自分の研究態度を表現する一種の合言葉としました。それは、レーニンの理論というものは、最初からなんらかの体系をなしているといった〝静態的〟なものではなく、レーニン自身の認識の成長・進歩や情勢の発展・展開を反映した歴史をもっており、その歴史の文脈のなかで読んでこそ、その本当の意味が理解できる、ということです。実際、レーニンがその生涯のさまざまな時期に展開した理論や命題は、どれ一つとして、そこにいたる形成の歴史をもたないものはないし、またレーニンによって述べられた多くの命題が、それ以後の発展や訂正の歴史をもっています。私は、この立場から、「レーニンと『資本論』」の研究のなかで、レーニンが科学的社会主義の理論のなかに持ち込んだ積極的なものと、歴史の試練にたえなかった誤ったものとのふるい分けをも試みました。

私が、「エンゲルスと『資本論』」以来の『資本論』研究でつかんだことも、基本的には、同じ問題でした。『資本論』は、マルクスの頭のなかに体系的にできがったものを、マルクスが順序正しく教科書的に書き上げたというものでは、決してありません。『資本論』自身が、長期にわたる準備過程をへて生みだされたものであり、その準備過程には、新しい科学的経済学を生み出すための無数の苦闘が含まれていました。そこでは、さまざまな問題意識が提起され、多くの試行錯誤をへて、具体化されたり、消えていったりしました。そして、『資本論』全三部の草稿が書かれ、第一部が刊行されたのちにも、その到達点をより仕上げられたものにしようというマルクスの苦闘は続きます。そして、マルクスは、自分の手で第二部・第三部を完成することなく、この苦闘の途中で、生涯を終えたのでした。

このように、『資本論』自身が、歴史の産物であり、その形成と発展の歴史のただなかにあったのです。『資本論』を、その歴史のなかで理解する、こういう態度をつらぬかないと、『資本論』の本当の値打ちは読み取れません。「エンゲルスと『資本論』」から「マルクスと『資本論』」までの研究のなかで、私がつかんだ最大の問題は、この点にありました。

今回の講義では、いまの私にとって可能なかぎり、こういう立場で『資本論』について話してゆきたい、と思います。

三　マルクスは、『資本論』をどのように準備したか？

『資本論』を歴史的に読むための基本的な資料として、年表を用意しました。

『資本論』の準備と執筆の年表

年	著作・ノート・草稿	原文公刊状況	日本語訳の公刊

1843〜44	『パリ・ノート』〔◆1〕（九冊）	新『メガ』〔◆2〕第4部第2巻 第3巻	部分訳『経済学ノート』（一九六二年・未来社）
44	『経済学・哲学手稿』〔◆3〕		全集㊵、国民文庫など。
45	『ブリュッセル・ノート』〔◆4〕（六冊）	同 第3巻	
45	『マンチェスター・ノート』〔◆5〕（マルクス五冊、エンゲルス三冊）	同 第4巻	
45〜47	『ブリュッセル・ノート』（続き、三冊）	同 第6巻	

47	『哲学の貧困』		全集④
48	『共産党宣言』		古典選書、全集④
49	「賃労働と資本」〔◆6〕		古典選書、全集④
50～53	『ロンドン・ノート』〔◆7〕（二四冊）	同7巻～11巻（第10巻、11巻は未刊）	
57～58	『五七～五八年草稿』（七冊）	第2部第1巻（二分冊）	『資本論草稿集1・2』〔◆8〕（大月書店）
59	『経済学批判』		全集⑬
61～63	『六一～六三年草稿』（二三冊）	同　第3巻（六分冊）	『資本論草稿集4～9』（同前）

63～65	『資本論』第一部の初稿 第二部・第一草稿 第三部草稿	同　第4巻 第1分冊分 同 同　第2分冊	『直接的生産過程の諸結果』〔◆9〕（国民文庫など） 『資本の流通過程』〔◆10〕（一九八二年、大月書店）
66	『資本論』第一部完成稿		
67	『資本論』第一部公刊。	同　第5巻	幻燈社書店（一九八五年）
68～70	『資本論』第二部・第二～第四草稿	同　第4巻 第3分冊 同　第11巻	
72～73	『資本論』第一部・第二版	同　第6巻	幻燈社書店（一九八五年）

72～75	『資本論』第一部・フランス語版。	同　第7巻	法政大学出版局（一九七九年）
77～81	『資本論』第二部・第五～第八草稿	同　第11巻	第八草稿の全訳は、大谷禎之介『資本論草稿にマルクスの苦闘を読む』（二〇一八年、桜井書店）に収録。
83	マルクス死去。		
83	『資本論』第一部・第三版	同　第8巻	現行版
85	『資本論』第二部公刊	同　第13巻	現行版
94	『資本論』第三部公刊	同　第15巻	現行版
95	エンゲルス死去。		

1905	『剰余価値学説史』第一巻・第二巻（カウツキー版）		
1910	『剰余価値学説史』第三巻（同前）		

◆1　『**パリ・ノート**』　マルクスが一八四三〜四四年のパリ滞在中に読んだ経済学の諸著作の研究ノート。

◆2　『**新メガ**』　刊行中の新しい『マルクス・エンゲルス全集（Marx-Engels-Gesamtausgabe）』（国際マルクス・エンゲルス財団編集）のこと。本冊七八ページの注参照。

◆3　『**経済学・哲学手稿**』　マルクスが執筆した経済学についての最初の労作で、一八四四年五月末ないし六月から八月に執筆した三冊のノートからなる。一九三二年に初めて公表された。

◆4　『**ブリュッセル・ノート**』　マルクスは一八四五年二月から四八年三月までブリュッセルに滞在した。その時期のノート。

◆5　『**マンチェスター・ノート**』　マルクスが一八四五年七月〜八月にイギリスのロンドンとマンチェスターを訪問した時期のノート。全集の「年譜」には次のように記録されている。

「七月後半から八月前半まで　マルクスとエンゲルス、マンチェスターに滞在中、公共図書館に通って、イギリス経済学者の著書を研究」（全集②巻末資料二九ページ）。

◆6　**「賃労働と資本」**　「新ライン新聞」の一八四九年四月五日付から四月一一日付まで五回連載されたマルクスの論文。当時起こった内外の諸事件のために、連載は中断のままとなった。エンゲルスは、一八九一年にマルクスのこの労作を出版したが、そのさい「序説」で詳しい解説を書き、中断部分を補った。

◆7　**『ロンドン・ノート』**　マルクスは、一八四九年八月、パリを追放されてロンドンに移ったが、ここでの一八五〇年から一八五三年までの経済学研究のノート二四冊を指す。

◆8　**『資本論草稿集』**　一九七八～九四年に、大月書店から全9冊で刊行されたもので、『一八五七～五八年草稿』（『マルクス　資本論草稿集』1、2）、『経済学批判』と関連の諸草稿（同3）、『一八六一～六三年草稿』（同4～9）が邦訳されている。

◆9　**『直接的生産過程の諸結果』**　『資本論』準備草稿の一部。「（一）剰余価値の生産としての資本主義的生産、（二）資本主義的生産は独自に資本主義な生産関係の生産および再生産である、（三）資本の生産物としての商品」の三節からなっていたが、『資本論』の最終稿には採用されなかった。邦訳としては同名の国民文庫版（一九七〇年）などがある（全集には未収録）。

◆10　**『資本の流通過程』**　マルクスは『資本論』第二部のために八つの草稿といくつかの異文を残した。エンゲルスはそこから第二部を編集したが、その際、利用されなかった第二部第一草稿が、一九七四年にロシア語版『全集』に初めて収録され、一九八二年に日本語訳が『資本の流通過程――資本論第2部第1稿』として公刊された（大月書店）。

この年表にそって、マルクスが『資本論』をどのように準備したかの、あらましの歴史を紹介しましょう。

無数の経済学書からの抜粋ノートの作成

マルクスは、一八一八年の生まれですが、経済学の研究を始めたのは、一八四三年から四四年にかけて、二五歳の時のことでした。マルクス自身の説明によると、一八四二～四三年、「ライン新聞」〔★44〕の編集者時代に、農民問題や自由貿易問題などから、「物質的な利害関係」に口

★44　**「ライン新聞」**　一八四二年一月、ライン地方の進歩的ブルジョアジーによって創刊された新聞。マルクスは最初からこの企画に参画し、論説を寄稿した。四二年一〇月、同紙主筆となり、プロイセンの専制政府を相手に大活躍をしたが、四三年三月、編集部を辞任。同紙は、三月末、終刊した。

をはさまざるをえなくなったのが、「最初のきっかけ」だとされていますが（「経済学批判・序言」古典選書『「経済学批判」への序言・序説』一二ページ、全集⑬五ページ）、その後、エンゲルスの論文「国民経済学批判大綱」に接して受けた衝撃は、経済学の研究へのマルクスの熱意を激しくかきたてたようです。この頃から、経済学の諸著作の抜粋ノートをつくり始め、年表にあるように、『パリ・ノート』、『マンチェスター・ノート』、『ブリュッセル・ノート』と、三年ほどのあいだに、抜粋ノートは二〇冊を超えています（注）。

（注）いま、マルクス・エンゲルスの全文献を収録した決定版の全集として新『メガ』が刊行中ですが、この新『メガ』は、第一部が著作、第二部が『資本論』とその準備草稿、第三部が書簡、第四部がノート類と分けられ、第四部のなかで、『パリ・ノート』など、マルクス、エンゲルスが書き残したノートがすべて刊行されることになっています。現在までの刊行状況は、年表にあるとおりで、この間の抜粋ノートは、刊行ずみのマルクスのノートだけで、二六冊にのぼります。

マルクスは、これらのノートを作成しながら、一八四四年には、経済学についての自分の考えをまとめようとして、『経済学・哲学手稿』を執筆しました。そして、準備はほぼととのったと考えたのでしょう。早くも一八四五年二月には、レスケ〔★45〕という出版者と、経済学の著作の出版についての契約を結びました。しかし、この計画はものにならず、この時期に、書いて刊行した経済学関係の著作は、プルードン〔★46〕を批判した『哲学の貧困』だけでした。

一八四七〜四九年は、マルクスにとって、政治的にたいへんな激動の時期でした。四七年に、共産主義者同盟にくわわり、四八年一月には、この同盟の綱領として、エンゲルスとともに『共産党宣言』を執筆しました。同じ年には、その後、フランス、ドイツ、オーストリアに革命が起こり、ヨーロッパ規模での革命の時期に入ります〔★47〕。マルクス、エンゲルスは、革命のド

★45　**レスケ**、カール・フリードリヒ・ユリウス（一八二一〜八六）　ドイツの都市ダルムシュタットで出版業をいとなんだ。

★46　**プルードン**、ピエール‐ジョゼフ（一八〇九〜六五）　フランスの小ブルジョア的社会主義の代表者で、無政府主義の理論的な源流の一人。マルクスは、アンネンコフ（＊）への手紙（一八四六年一二月二八日）、『哲学の貧困』（一八四七年）、「P・J・プルードンについて」（一八六五年）などで、その思想の系統的な批判を行なった。著書に『財産とはなにか？』（一八四〇年）、『経済的諸矛盾の体系、または貧困の哲学』（一八四六年）などがある。

＊**アンネンコフ**、パヴェル・ヴァシトヴィチ（一八一二〜八七）　ロシアの自由主義の著述家、地主。一八四六年ごろ、ヨーロッパ旅行中にマルクスと知り合う。

★47　**ヨーロッパ規模での革命**　一八四八年は、ヨーロッパでの一連の革命の年となった。

イツに帰って、革命的民主主義の機関紙「新ライン新聞」を創刊し、民主主義革命の勝利をめざして奮闘しますが、ドイツ革命は、四九年七月、ブルジョアジーの反動派への屈伏によって、敗北のうちに終結し、マルクス、エンゲルスはあいついで亡命、四九年九月に、ロンドンに居(きょ)を定めました。

このロンドンで、マルクスは、大英図書館〔★48〕を拠点に、一八五〇年から経済学の猛勉強を再開します。この図書館には、マルクスの定席だったという椅子がいまでも残っていますが、そこでの研究を記録した『ロンドン・ノート』(一八五〇~五三年)は、二四冊にものぼります。『パリ・ノート』から『ロンドン・ノート』まで、約一〇年間につくった抜粋ノートは、ほぼ五〇冊にもなるでしょう。その後も、マルクスは、『サブ・ノート』と呼ばれる八冊のノートをはじめ、追加的なノートをとり続けます。そして、このノートを大事にして、『資本論』やその草稿の執筆にあたっては、これを全面的に活用しました。どこに何が書いてあるかが分かるように、自分のノートについての「索引」までつくっています。

二つの準備草稿――『五七~五八年草稿』と『六一~六三年草稿』

こういう長期の研究をふまえて、マルクスがいよいよ、経済学の著作の執筆にとりかかったのは、一八五七年でした。その最初の草稿が『一八五七~五八年草稿』で、七冊のノートに書き込まれました。それをもとに、仕上げの原稿を書き、その最初の部分が、一八五九年に『経済学批判、第一分冊』として出版されました。これは、マルクスの計画から言えば、著作全体のごくごく最初の部分、商品と貨幣の研究を含むだけでした。

マルクスが、一連の準備作業を経て、『経済学批判』の第二分冊以後の執筆を再開したのは、一八六一年でした。こうして書きあげたのが、『一八六一～六三年草稿』で、ノート二三冊という膨大な草稿です。このなかで、マルクスは、これまでの経済学の諸学説の、徹底した綿密な歴史的研究を行ないました。「剰余価値に関する諸学説」と題されたこの歴史研究は、分量的にも、『六一～六三年草稿』のほぼ半分をしめる巨大な研究となりました。現在、『剰余価値学説史』という表題で知られているのが、それです。

〔フランス〕一八四八年二月二二日　パリ市民蜂起、二五日　共和制宣言
〔オーストリア〕三月一三日　ウィーン市民蜂起
〔イタリア〕三月一七日　ミラノ市民蜂起
〔ドイツ〕三月一八日　ベルリン市民蜂起、など。

★48　**大英図書館**　ロンドンの大英博物館の図書館のこと。ここがマルクスの重要な仕事場となった。大英博物館の図書部門は一九七三年に博物館から分離され、大英図書館となった。

マルクスは、この草稿の執筆の途中で、『経済学批判』の続き（第二分冊以降）を書くという構想をあらため、『資本論』という表題で、商品論の最初から、新しい著作を執筆するという構想に切り替えました。

『資本論』草稿の執筆から『資本論』第一部の出版へ

マルクスは、『六一～六三年草稿』を書き終えると、一八六三年夏から、いよいよ『資本論』の原稿を書き始めました。まず、第一部を執筆、ついで第三部にかかり、最初の部分を書いたところで、第二部に移り、それが終わったあと第三部にもどって、一八六五年末に、全三部の草稿執筆を完了しました。

その執筆順序は、現在、次のように推定されています。

一八六三年夏～　　第一部の最初の草稿。
一八六四年初～夏　第三部草稿（第一篇から第三篇まで）。
一八六五年前半　　第二部第一草稿。
一八六五年夏～末　第三部（続き）。

マルクスは、これらの草稿の執筆を六五年末に終えたあと、六六年一月の最初から、ただちに『資本論』第一部の印刷用〝清書稿〟の仕上げにとりかかりました。『資本論』の出版については、マイスナー〔★49〕というドイツの出版者とのあいだで、すでに一八六五年三月に、出版の契約が結ばれていたのです。そして、この仕上げは比較的順調に進み、一八六七年九月、ついに『資本論』第一部は公刊にいたりました。

第一部の最初の草稿で、現在残っているのは、「第六章　直接的生産過程の諸結果」〔★50〕だけです。それ以外の部分は、第一部の仕上げのさいに、利用されたものと考えられます。第六章は、最初の篇別プランには含まれていたものの、仕上げのさいに、はずされた部分でした。

第二部については、マルクスはこのあと、第八草稿まで一連の草稿を書いており、この第一草稿は、エンゲルスによる現行第二部の編集のさい、利用されないままに残されました。第三部は、六四〜六五年に書いたものが、主要な唯一の草稿で、現在の『資本論』第三部は、ここから編集されたものです。つまり、『資本論』全三部のなかでは、第三部がもっとも早い時期に執筆されたものなのです。

★49　**マイスナー**、オットー・カール（一八一九〜一九〇二）　ハンブルクの出版者で、『資本論』その他のマルクス、エンゲルスの著作を発行した。

★50　**「直接的生産過程の諸結果」**　前出＝本冊七六〜七七ページの補注◆9参照。

『資本論』第一部刊行以後

第一部刊行の後も、『資本論』の完成のためのマルクスの努力は、続きました。その努力には、三つの方面があります。

第一は、『資本論』第一部の内容を改善し充実させる努力です。第二版（一八七二～七三年）、フランス語版（一八七二～七五年）、第三版（一八八三年）と、版を重ねたり、外国語版が出たりする度に、マルクスは叙述や内容を発展させる努力をつくしました。とくに、フランス語版のさいには、別の訳者による翻訳が気に入らず、フランス人に分かりやすいフランス語をと自分で訳し始めますが、その作業のなかで内容まで大幅に書き換えることになり、結局は、〝これはドイツ語版とはまったく別な一つの科学的価値をもつもの〟だ（「読者へ」『資本論』①三七ページ、〔Ⅰ〕３２ページ）と自分で太鼓判をおすような、新版をつくりあげました。それに続くドイツ語第三版では、さらに全体にわたる改定を志すのですが、その仕事の途中で死去し、あとはエンゲルスが引き継ぎました。このように、マルクスは、すでに公刊した第一部についても、到達点に満足しないで、死ぬまで改定の努力をし続けたのです。マルクスが行なった改定は、フランス語版での改定部分の主要な点を含め、現在の第一部にほとんど織り込まれていますから、私たちが読んでいる第一部は、初版にくらべると、多くの点で面目を一新したものとなっています。

第二は、『資本論』の第二部の完成への努力です。出版者の方は、第一部に続いて、すぐ続巻をだしたいとせっつきますし、マルクスもそのつもりで、第二部の仕上げにかかるのですが、病気や活動などで仕事はたえず中断し、なかなかできあがりません。一八七七年から八一年にかけて書いたのが第八草稿で、これが最後の草稿となりましたが、この草稿も、終わりまでは書き上げられませんでした。

第三は、第三部をめぐる努力です。草稿を仕上げるという点では、マルクスは、第三部については、利潤率の計算などの部分的な草稿をいくつか書いた以外は、まとまった仕事はしていませんん。すでに述べたように、一八六四～六五年に書いた最初の草稿が、第三部の主要な草稿となりました。

ところが、マルクスは、その間に、第三部の構想そのものに抜本的な検討をくわえ、新しい問題を織り込んでこれをさらに発展させるという壮大なプランに取り組み始めました。その新しい問題とは二つあって、一つは、高度な発展をとげつつある信用制度のよりたちいった研究、もう一つは、土地所有の問題です。現行の『資本論』では、農業問題は、だいたい資本主義社会での地代論の解明にとどまっていますが、マルクスは、土地所有の問題全体に視野を広げようと考え、一八七〇年代から、ロシアの農業問題・土地問題の研究に徹底して取り組みました。これらの研究は、どちらも新たな草稿の執筆にまではいたらず、膨大な研究ノートが残っているだけですが、マルクスが、『資本論』をどのように発展させようとしていたのかは、たいへん興味を引

かれる問題です。(注)

(注) 第三部の新しい構想については、前掲『エンゲルスと「資本論」』下で、まとまった考察を行ないましたので、参照してください。「第五編 『資本論』第三部の編集」の「(六) 信用論――七〇年代以後のマルクス」、「(八) 地代論・土地所有論の新しい構想(上)」、「(九) 地代論・土地所有論の新しい構想(下)」です。

『資本論』続巻の刊行

マルクスは、一八八三年、これらの努力の途中で生涯を終えてましたから、第二部、第三部を刊行する仕事は、エンゲルスにゆだねられました。エンゲルスは、この編集の仕事に一〇年以上の労苦を費やし、第二部を一八八五年に、第三部を一八九四年に刊行しました。エンゲルスの苦労ぶりとそこで考えるべき問題点などは、第二部、第三部の講義のときに話すことにしますので、ここでは省略しましょう〔★51〕。

以上が『資本論』全三部にまつわる歴史のあらましですが、実は、『資本論』の計画には、このほかに、第四部がありました。経済学の歴史を論じる部分です。先ほど述べたように(本冊八二ページ)、マルクスは、『六一～六三年草稿』のなかで、「剰余価値に関する諸学説」と題して膨大な学説史研究を行なっており、この材料をもとに第四部を書くつもりでいました。しかし、第二部、第三部でさえ、完成にいたらないまま終わったという状況ですから、第四部の執筆などは、とても問題にならなかったのです。

エンゲルスは、マルクスのこういう計画を知っていたので、『六一～六三年草稿』の学説史の部分「諸学説」から、第四部を編集したいと思っていました。しかし、自分に残された時間もそう長くないかもしれないと思い、この仕事を引き継いでくれる後継者の養成を考えたのです。マルクスの草稿の編集にあたる後継者の資格で、まず重要なことは、マルクスの字を判読する能力をもつことでした。その時点では、マルクスの独特の字を読める人間は、エンゲルス以外には、一人も存在しなかったのです〔★52〕。そこで、エンゲルスは、ドイツの若い党幹部のなかから、

★51　**エンゲルスの苦労**　『資本論』第二部、第三部の編集にあたったエンゲルスの苦闘の経過と歴史的功績については、不破「エンゲルス書簡から　『資本論』続巻の編集過程を探索する」（『前衛』二〇二〇年二月～四月号）を参照。『「資本論」完成の道程を探る』（二〇二〇年、新日本出版社）に収録。

★52　**マルクスの文字の判読**　マルクスの死後、その筆跡を読むことができたのはエンゲルスだけだった。この点について、エンゲルスは、ロシアの社会学者ラヴローフ（＊）あての手紙

カウツキー〔★53〕とベルンシュタイン〔★54〕の二人を選んで、自分の家に呼び、みずから家庭教師になったような調子で、マルクスの字の読み方を教えこみました。そのうえで、「諸学説」の草稿を、練習かたがたこれを清書してみるようにと言って、カウツキーに渡すのですが、いつまで待っても、カウツキーが仕事をしません。しびれを切らしたエンゲルスは、それなら私が自分でやると、草稿を取り返すのですが、自分でやる余裕はついにもてないまま、生涯を終えてしまいました。

カウツキーは、エンゲルスが死んだあと、この仕事に取り組み、「諸学説」を、『剰余価値学説史』という表題の三巻本にまとめて刊行しました。第一巻と第二巻が一九〇五年、第三巻が一九一〇年の刊行でした。

こうして、マルクスが書いた『資本論』全四部が、公刊されることになったのです。年表をふりかえりますと、マルクスが経済学の抜粋ノートをつくり始めた一八四三年から、『剰余価値学説史』第三巻の刊行まで、七〇年近い時日が経過したことになります。

このように、『資本論』には、その最初の草稿が書き上げられるまでにも長い歴史があり、第一部を刊行したあとでも、全体を仕上げるためのマルクス自身の苦闘と努力の歴史があり、さらにマルクス死後、残された草稿を編集するエンゲルスらの労苦の歴史がある、文字通り、それ自身の歴史のなかにある著作なのです。みなさんに、この歴史の全体を自分の手で調べなおすことを注文するわけではありませんが、『資本論』を読む時、そういう歴史をもった著作だということとは、ぜひ頭においてほしい、と思います。

で、次のように述べている。

「この筆跡や、単語や文のこれらの略記法を解読できるのは、生きている人間のなかで、私ひとりなのです」（一八八四年二月五日　全集㊱九〇ページ）。

＊　**ラヴローフ**、ピョートル・ラヴローヴィッチ（一八二三～一九〇〇）　ロシアの社会学者、国際労働協会会員。パリ・コミューン（一八七一年）の一員で、一八七一年ごろから、マルクス、エンゲルスとの関係が始まった。

★53　**カウツキー**、カール（一八五四～一九三八）　ドイツ社会民主党の指導者の一人。一八八三～一九一七年の間、ドイツの党の理論機関誌『ノイエ・ツァイト（新時代）』の編集者。マルクスの遺稿『剰余価値学説史』の最初の編集者となった。

★54　**ベルンシュタイン**、エドゥアルト（一八五〇～一九三二）　ドイツの社会民主党員。一八八〇年にマルクス、エンゲルスをロンドンに訪ね、親交を結んだ。八一～九〇年、ドイツ社会民主党の機関紙「ゾチアール・デモクラート（社会民主主義者）」の編集者。エンゲルスの死後、九六年に公然と修正主義の旗をかかげ、日和見主義の潮流の代表者となった。

四　『資本論』はどういう形で遺されているか？

そういう歴史をもった『資本論』ですから、これを読む時には、それが、どんな形で遺(のこ)されたものなのかということも、あらかじめ知っておいてほしい、と思います。その点を見る参考として、『資本論』についてのマルクスの三つの手紙を紹介しておきます。

〝僕の著作の長所は「一つの芸術的な全体」をなしていることにある〟

第一の手紙は、一八六五年七月、『資本論』全三部の最初の草稿をほぼ書き上げつつある時期に、エンゲルスにあてて書いた手紙です。

この手紙の背景を説明しますと、だいたい、マルクスは、自分の仕事の進捗(しんちょく)状況を、エンゲルスにもなかなか教えないのです。教えると、〝そこまで進んでいるなら、早く発行の準備を〟などと言われるものですから、親友のエンゲルスにも言わないのです。けれども、エンゲルスの方は、マイスナーとの出版契約（この年の三月に結ばれた）のことも知っていましたから、やきもきしています。

そこで、最初の草稿がほぼ終わりに近づいたという段階で、マルクスが、『資本論』の準備状況について初めてエンゲルスに知らせたのが、この手紙です。

「さて僕の仕事〔『資本論』の執筆のこと――不破〕のことだが、これについてはほんとうのことを打ち明けよう。理論的な部分（はじめの三巻）〔★55〕を完成するためには、まだ三つの章を書かなければならない。(不破・注)それからさらに第四巻、歴史的‐文献的な巻を書かなければならないのだが、これは僕にとっては相対的に最も容易な部分だ。というのは、問題はすべてはじめの三巻のなかで解決されていて、この最後の巻はむしろ歴史的な形での繰り返しだからだ。しかし、僕は、全体が目の前にでき上がっていないうちにどれかを送り出す決心がつきかねるのだ。たとえどんな欠陥があろうとも、僕の著書の長所は、それが一つの芸術的な全体をなしているということなのだ。そして、それはただ、全体が目の前にでき上がっていないうちは

★55　**理論的な部分**　この時には、すでに、「第一部　資本の生産過程」、「第二部　資本の流通過程」、「第三部　総過程の諸姿容」という理論的な部分に、「第四部　理論の歴史」、が続くという『資本論』の構成が定まっていた。

けっして印刷させないという僕のやり方によってのみ、達成できるのだ。ヤーコプ・グリム〔★56〕的な方法をもってしてはこれは不可能で、彼の方法は、一般に、弁証法的に編成されていない著作により良く適しているのだ」（マルクスからエンゲルスへ　一八六五年七月三一日　古典選書『マルクス、エンゲルス書簡選集』上・二七三〜二七四ページ、全集㉛一一一ページ）。

（注）おそらく、第三部の最後の三篇「第五篇　利子と企業者利得とへの利潤の分裂。利子生み資本」、「第六篇　超過利潤の地代への転化」、「第七篇　諸収入とその源泉」のことと思われます。第三部の「篇」は、草稿ではすべて「章」として扱われていました。

マルクスがここで「芸術的」と言っているのは、『資本論』の文章を「芸術的に」仕上げたということではありません。「一つの芸術的な全体」というのは、『資本論』が、一巻一巻の構成においても、全巻の構成においても、ぬきさしならない順序だてで組み立てられている、ということです。第一部をとれば、第一篇での商品と貨幣の分析があって、初めて第二篇以後の資本の研究に進むことができる、資本の分析も、研究を一段一段積み重ね、理詰めで次の段階に迫ってゆく、という組み立てになっています。第一部、第二部、第三部のあいだにも、そういう内面的な理詰めの関係があります。第一部（資本の生産過程）、第二部（資本の流通過程）での解明の積み重ねがあって初めて、第三部（総過程の諸姿容）で取り扱う資本主義経済の表面で生起する諸現象の分析に踏み込めるのだし、逆に言えば、第三部まで分析して初めて第一部で論じたことのより深い意味が浮かびあがってくるという内面の関連もあります。だから、第一部を一応書き上げたからということで、先の見通しも明らかにならないうちに第一部を刊行してしまう、第二部、第三部は研究の対象は別ですよ、といった、グリム式の出版の仕方はできないのだ、というのが、マルクスの説明でした。

　マルクスがこの手紙を書いたのは、『資本論』全三部の最初の草稿を書き終わろうとしていた時でしたから、第一部、第二部、第三部のあらましの関連――『資本論』の「芸術的な全体」としてのあらましの姿――は、すでに形をなして明らかになっていた段階でした。しかし、それぞれの巻を「芸術的に」仕上げるためには、まだ多くの作業が必要でした。マルクスは、第一部については、六六年以後、さらに一年の時間をかけてその仕上げに取り組むのですが、第二部、第三部については、第一部の場合のような仕上げの段階にまで踏み込むことができませんでした。

★56　**グリム**、ヤーコプ（一七八五～一八六三）　ドイツの言語学者で文化史家。弟ヴィルヘルム（一七八六～一八五九）と協力して、『子どもと家庭のためのドイツ童話集』（グリム童話集）を刊行し、また一八五二年以降『ドイツ語辞典』の最初の四巻を刊行した。その出版の方法は、「A」で始まる言葉の辞典をまず第一分冊として刊行し、次に「B」で始まる言葉の辞典を第二分冊として刊行するという、順次、出来上り次第の積み上げ型というやり方だった。

第二部・第三部――「途方もない」、「未完稿の形のまま」という自己評価

この事情を説明しているのが、第二の手紙と第三の手紙です。

第二の手紙は、いま見た手紙から約半年後の一八六六年二月、『資本論』全三部の最初の草稿を書き上げたことを、エンゲルスに知らせた手紙です。

「この『呪われた』本はと言えば、それはこうなっている。それは一二月末にでき上がった。地代にかんする論述、つまり最後から二番目の章だけでも、今の草稿では、ほとんど一冊の本をなしている。……

でき上がったとはいえ、この原稿は、その現在の形では途方もないもので、僕以外のだれのためにも、君のためにさえも、出版できるものではない」（マルクスからエンゲルスへ　一八六六年二月一三日　『書簡選集』上・二七七ページ、全集㉛一四八～一四九ページ）。

「呪われた」本というのは、マルクスが『資本論』に取りつかれ、そのためにすべてを犠牲にしてきたことを、いわば自嘲的に表現しての言葉です。同時に、その言葉からは、最初の草稿を書き終えて、大きな山を越えたとの安堵の気持ちも感じられます。

しかし、「でき上がった」本は、現在の形では「途方もないもの」だということを、マルクスは指摘します。これは、理論的な究明あるいは展開としては「でき上がって」いるのだが、現在

の形では、読者に読んでもらえるようなものではない、経済学にもマルクスの見解にもいちばん通じている「君」にだって、これを読めるようにすることはできない、こういう率直な指摘です。ここでは、その〝途方もなさ〟の事例として、地代論の膨大さがあげられていますが、〝途方もない〟という表現全体が、なによりも第三部にあてはまるものと見ることもできるでしょう。

ところが、その第三部について言えば、この部分は、マルクスが「途方もない」と呼んだ草稿のまま遺されたわけですから、それが「芸術的な全体」というマルクスの基準から言えば、まだたいへん遠い段階にあったことが分かる、と思います。

関連して紹介したい第三の手紙は、それから一一年あまり後のものです。手紙の相手は、ジークムント・ショット〔★57〕という著作家でもあるドイツの政治家で、手紙の文面から見ると、ヨーロッパ各国（フランス、イタリア、スイスなど）の関係資料をマルクスのところへ送りたいが、少し遅れると知らせてきた手紙への返事のようです。この資料というのは、はっきりしませんが、信用問題や土地所有の問題など、『資本論』での研究に関係したものだったかもしれません。手紙のなかで、マルクスは、お礼の言葉とともに、遅れるのはむしろ「うれしい」ぐらいだ

★57　**ショット**、ジークムント（一八一八〜九五）　ドイツの政治家。著作家。

のです。

と言い、その理由として、『資本論』執筆の状況について説明しています。その内容が興味深い

「とにかく、小生は、仕事をなんとかして中断するようなことなく、ゆうゆうと〔ヨーロッパ各国の資料の到着を――不破〕お待ちすることができます。なぜというに、小生は著作の諸部分を互い違いに仕上げているからです。事実、小生自身としては、『資本論』読者に提供する順序が今とは逆になるようなしかたで（第三部、つまり歴史的な部分をまっさきにして）仕事を開始していたのです。ただし、最後に着手された第一巻がすぐさま印刷に回されるよう整理された一方、他の二巻はもともとあらゆる研究につきものの未完稿の形のままで残された、というだけのことです」（マルクスからジークムント・ショットへ　一八七七年一一月三日　全集㉞二四七ページ）。

ここで、マルクスが、「他の二巻」と呼んでいるのは、『資本論』の第二部と第三部のことです。マルクスは、この二つの部をあわせて、第二巻として出版するつもりでいました。経済学説の歴史を扱う第四部は、出版の段取りとしては、第三巻になるわけで、それをここでは、「第三部、つまり歴史的な部分」と呼んでいます。

ですから、最後の部分で、マルクスが「未完稿の形のままで残された」とした特徴づけは、「他の二巻」である第二部、第三部、第四部の全体にわたる特徴づけなのです。つまり第二部も第三部も、マルクスにとっては、「未完稿の形のまま」の作品、言い換えれば、未熟な形のまま

だったのでした。

いま見た二つの手紙でマルクスが述べていたことは、第二部、第三部を読むとき、頭に入れておいてほしいと思います。

歴史のなかで見ると、新たに見えてくる点がある

これまで、『資本論』の準備と執筆の過程、またそれがどういう形で遺されているかなどを見てきましたが、『資本論』をこのように歴史のなかにおいてみますと、『資本論』を完成品として読んでいるだけでは分からない、いろいろな点が見えてきます。

そのいくつかについて述べますと、まず第一に、いろいろな概念や規定の生まれ方が分かる、という問題があります。

『資本論』の理論展開をささえる諸概念、諸規定にも、それなりの歴史があるのです。

たとえば、「資本主義」という言葉そのものがそうです。マルクスが最初の草稿、『五七〜五八年草稿』を書いた時には、マルクスの頭のなかには、この言葉はまだ存在していませんでした。ですから、この社会の全体、あるいはその経済体制を特徴づける時、「ブルジョア社会」、「ブルジョア経済」といった特徴づけで通しています。「資本主義」という規定〔★58〕は、『五七〜五八年草稿』を書き終え、『経済学批判、第一分冊』を出版して、『六一〜六三年草稿』の執筆を準

備する途上で、マルクスがつくりだした規定なのです。マルクスがこの言葉を生み出したら、それは間もなく、経済学界の全体に広がり、いまでは共産主義ぎらいの政治家でも、その名づけ親が誰かは知らずに、平気で「日本は資本主義だから」などと言っています。

また、『資本論』での理論展開そのものが、どういう歴史を経て生まれたかが分かることも、〝歴史のなかで読む〟ことの大きな楽しさの一つです。今日は、再生産論にまつわる話をずいぶんしましたが、この理論は、『六一～六三年草稿』のなかで、マルクスが苦労に苦労をかさねたあげく、ようやくあみだした理論でした〔★59〕。

草稿を読むと、マルクスの仕事の仕方がよく分かります。ものを書く時に、考えながら書くというのは、当たり前のことですが、マルクスの特徴は、書きながら考える、というところにあります。考えぬいて答えが出たところで書く、のではないのです。答えを求めて考える過程で、考えていることを全部書いてゆく場合があります。書いている途中で、その方向では答えがでないことが分かる、つまり失敗です。そうすると、これは失敗だったと書いて、草稿そのもののなかで、思考の方向転換をやるのです。『六一～六三年草稿』での再生産論は、こうして作り上げられたもので、草稿には、失敗しても失敗しても、最後の答えを探究し続けるマルクスの苦闘の姿がありありと描き出されています。

実は、いま全集に収められている『剰余価値学説史』では、ソ連や東ドイツの編集者たちが、その部分の議論のそういう性格に気がつかないで、連続の失敗を含む試行錯誤の過程を、もっと

★58　**「資本主義」という規定**　マルクスが、今日の経済体制を表現するのに、「資本主義」という規定を使い始めたのは、『経済学批判、第一分冊』（一八五九年）の刊行後、『資本論』第一部の刊行にいたる過程においてだった。そのことは、ａ「資本にかんする章へのプラン草案」、ｂ「引用ノートへの索引」、ｃ「私自身のノートにかんする摘録」の三つの文献に記録されている（『資本論草稿集３』に収録）。それぞれの執筆時期は、ａが「一八五九年春または一八六一年夏」、ｂは「一八六〇年一〜二月」、ｃは「一八六一年六〜七月」とある。「資本主義的生産」の言葉は、三文献の全体に登場している。『経済学批判』が出版されたのは、一八五九年一月であり、その直後の草稿からにわかに「資本主義」という用語を使い始めたということは考えにくく、私としては、三文献とも一八六〇〜六一年の所産と見るのが妥当ではないか、と考えている。

★59　**「再生産論」探究の記録**　『六一〜六三年草稿』に記された再生産論にいたる探究は、難問に直面した場合、マルクスがどのように研究を進めるか、その過程を記述した貴重な記録となっている。この点については、不破『「資本論」はどのようにして形成されたか――マルクスによる経済学変革の道程をたどる』（二〇一二年、新日本出版社）の「第三章　マルクス独自の『経済表』への到達（一八六三年）――新分野・再生産論に道を開く」で、詳しい検討を行なった。

もらしい小見出しで区切って、すべてをまともな思考過程として扱っています。ですから、その小見出しにそって読んでゆくと、わけが分からなくなる。しかし、マルクスが、失敗に屈しないで、〝七転び八起き〟の苦闘をしている過程だと分かって読むと、〝マルクスもやはり失敗するんだな〟と分かって安心したりもする（笑い）。

実は、『資本論』そのもののなかにも、マルクスが、書きながら考える、失敗した思考もそこからの方向転換もそのまま叙述する、という書き方をしているところがあります。第二部の拡大再生産論のところですが、草稿を読んで、そのあたりの読み方を心得ていると、それがたいへん役に立つのです。エンゲルスも、編集のさい、その点をよく理解しなかったようで、それが一つの弱点になって残っていますが、それは、講義が実際にその部分に進んだところで、具体的に吟味することにしましょう。

ともかく、そういう歴史をのみこんだ上でぶつからないと、どうしても理解できないところが現にありますし、そういう部分に出会った時に、こちらの頭がおかしいのかなと（笑い）、誤って思い込んでしまう場合もありうるわけです。

五　これまでの経済学（古典派経済学など）と、どこが違うか？

〝過去の思想の価値あるものを批判的にうけつぐ〟とは……

話を次に進めます。

マルクスが『資本論』を書くまでに、膨大なノートをつくった話をしましたが、これらのノートの主な内容をなしているのは、アダム・スミス〔★60〕やリカードウ〔★61〕をはじめ、過去

★60　**スミス**、アダム（一七二三〜九〇）　イギリスの古典派経済学の主要な代表の一人。マルクスは、スミスの主著『諸国民の富』（一七七六年）を、最初パリ時代に、ガルニエ（＊1）編のによるフランス語訳（一八〇二年）で研究し、ついでロンドンでは、マカロック（＊2）編の

やマルクスが現に生きていた時代の経済学者たちの著書からの抜粋です。これは、『資本論』が、経済学のそれまでの歴史の徹底した研究の上に成り立っている、ということです。

レーニンは、科学的社会主義、マルクス主義の成り立ちについて、〝マルクスの学説というものは、人類の思想の歴史の外で発生して、外から持ちこまれた特殊な学説ではない、人類と世界文明の大道のなかで、すべての先進的な成果をうけつぎ、それを批判的に発展させ、つくりかえることによって、生み出された学説だ〟ということを、繰り返し指摘しました。そして、哲学では、ドイツの古典哲学（カント〔★62〕、ヘーゲル、フォイエルバッハ〔★63〕など）の、経済学ではイギリスの古典派経済学〔★64〕（スミス、リカードウなど）の成果を引き継いだとしましたが、この引き継ぎ方というのは、実に徹底したものでした。その成果をごく大ざっぱにとらえて、足りないところを補足するといった、形だけの引き継ぎ方ではなく、経済学の場合で言えば、古典派経済学の全体を隅から隅まで研究し、その成果と限界、その根拠などをあますところなく解明して、経済学の全体を根本からつくりかえる、こういう引き継ぎ方で、自分の経済学を発展させ展開させたのです。だからこそ、『資本論』とその経済学は、科学的な学問として、一世紀半もの歴史にたえうる力を持ったのでした。

では、こうして生まれた経済学――マルクスの経済学と、それまでの経済学、その最高の達成と評価される古典派経済学とは、経済学の中身として、どこがいちばん違うのでしょうか。これは、『資本論』を理解する根本にもかかわる問題なので、『資本論』そのものの講義に入る前に、英語版（二八年）およびウェイクフィールド（＊3）編の英語版（三五〜三八年）で研究した。

＊1　**ガルニエ**、ジェルマン（一七五四〜一八二一）フランスの経済学者、政治家。アダム・スミス『諸国民の富』の翻訳者で注釈者。

＊2　**マカロック**、ジョン・ラムジ（一七八九〜一八六四）イギリス（スコットランド）の経済学者。リカードウの学説を俗流化した。

＊3　**ウェイクフィールド**、エドワード・ギボン（一七九六〜一八六二）イギリスの経済学者。植民政策家、主著に『イギリスとアメリカ』（一八三三年）。

★61　**リカードウ**、デーヴィド（一七七二〜一八二三）イギリスの経済学者。古典派経済学の最高の到達点を示す。マルクスは、リカードウの主著『経済学および課税の原理』（一八一七年）を、まずコンスタンシオ（＊）によるフランス語訳（第二版、一八三五年）で読み、ついでロンドンでは、英語の原文（第三版、一八二一年）を、ついで英語版第二版（一八一九年）およびフランス語訳第一版（一八一九年）を「一八五九〜六三年のノート」に抜粋した。

＊　**コンスタンシオ**、フランシスコ・ソラノ（一七七二〜一八四六）ポルトガルの医師、外交官、文筆家。リカードウらイギリスの経済学者の著作をフランス語に翻訳した。

★62　**カント**、イマーヌエル（一七二四〜一八〇四）ドイツの古典哲学の創始者。不可知論の代表者。

いくつかの点は、大づかみにだけでも、つかんでおいてもらいたいと思います。

資本主義社会を歴史的な社会形態の一つと見るか、人類本来の社会形態と見るか

ここで強調したい点は、二つあります。

第一は、資本主義社会にたいする見方の違いです。これまでの経済学、そのもっとも先進的な到達点は、アダム・スミスとリカードウを代表者とする古典派経済学ですが、それらはすべて、資本主義社会を人類社会の絶対的な形態と見るのが、共通の特徴でした。歴史の上に、資本主義以前のより古い社会があることは、もちろん知っているのですが、それは、人類がまだ幼稚だった時代の、資本主義社会に発展してくる過程の形態――資本主義にいたる未発展の形態――であって、資本主義にまで到達したら、それ以上の形態がない、そう思い込んでいたのです。だから、彼らの経済学には、歴史がありません。

マルクスは、「剰余価値に関する諸学説」(『六一～六三年草稿』の一部をなすものです)のなかで、この違いを、端的に次のように指摘しました。

「リカードウは、ブルジョア的生産を、もっと明確に言えば資本主義的生産を、生産の絶対的な形態として把握している」(『資本論草稿集7』七三ページ、『剰余価値学説史』全集㉖Ⅲ六二ページ)。

この見方によると、資本主義的な生産や分配の関係というのは、人間の本性から生まれる「自然的な諸関係」であって、社会がひとたびこの段階にまで到達したら、いつまでも変わることなく続く人間社会の永久的な形態となるのです。

もう一度「剰余価値に関する諸学説」から引用しますと、マルクスは、古典派経済学者は、資

★63　**フォイエルバッハ、ルードウィヒ**（一八〇四～七二）　ドイツ古典哲学の最後の時期を代表する唯物論哲学者。著書に『キリスト教の本質』（一八四一年）、『将来の哲学の根本命題』（一八四三年）など。

★64　**古典派経済学**　マルクスは、『資本論』第一部のなかで、私は、「ブルジョア的生産諸関係の内的連関を探究する、W・ペティ（＊）以来のすべての経済学」を「古典派経済学」と呼ぶと述べている。そして、これが、ブルジョア経済学のなかでも、「外見上の連関のなかだけをうろつき回」る俗流経済学とは違って、「科学的経済学」の性格をもつことを指摘した（『資本論』①一四六ページ、〔I〕95ページ）。

＊　**ペティ**、サー・ウィリアム（一六二三～八七）　イギリスの経済学者・統計学者。労働価値説をもっとも早く主張した一人。『租税貢納論』（一六六二年）、『アイルランドの政治的解剖』（一六九一年）などを著わす。

本主義の搾取形態――資本家が労働者を雇って、剰余労働を搾取するという形態を、永久不変の自然的、理性的な形態とみなす、と言って、次のような批判をくわえています。

「このような、資本主義的生産において現われるところの、社会的労働の特定の独自な歴史的な形態を、これらの経済学者たち〔古典派の経済学者とその亜流たち――不破〕は、一般的な永久的な形態、自然真理として言い表わし、また、このような諸生産関係を、社会的労働の絶対的な（歴史的ではない）必然的な、自然にかなった理性的な諸関係として言い表わすのである」（同前『草稿集7』三二六ページ、同前『学説史』全集㉖Ⅲ三四〇ページ）。

『資本論』での見方は、古典派経済学のそれとはまったく違います。マルクスは、資本主義社会を人類の歴史のなかの一段階と見ます。人間社会は、資本主義以前にさまざまな社会形態を経験してきたし、資本主義のあとにも、より高度な社会形態への発展が予想されます。このように、資本主義社会を、人間社会の自然な形態として絶対化することなく、人間社会が歴史のなかであいついで経験してゆく諸段階の一つとしてとらえる、そういう歴史的な存在として見る、ここに、『資本論』と過去の経済学との決定的な違いの一つがあります。

こうして、資本主義社会を歴史的な存在として見るということには、二重の側面があります。一つは、資本主義社会のあれこれの現象を研究する時に、過去のいろいろな時代との比較論を通じて、資本主義の特徴、特質を浮き彫りにする、ということです。

私たちは、資本主義のなかで生まれ、生活してきていますから、資本主義の特殊な諸関係を当たり前の自然の関係として受け取りがちです。しかし、資本主義以前の時代、日本で言えば江戸時代や戦国時代に、それらの関係が、どんな具合になっていたかを調べ、比較してみると、現在の諸関係が人間本来の自然の関係ではないことがおのずから明らかになるし、資本主義の諸関係の特殊な性格も浮き彫りになってくる――こういうことは、経済現象の研究のさいに、よく起きることです。マルクスは、『資本論』のなかで、こういう研究方法を大いに活用し、たいへん豊かな成果をあげています。

もう一つの比較論は、将来との比較、未来社会との比較論です。現在、資本主義のもとでは当然のものに見える経済現象が、資本主義を乗り越えた未来社会になったら、どういう形態で現われるか。これも、マルクスが『資本論』のなかで縦横に活用している方法です。『資本論』では、こういう形で、未来社会論が、資本主義社会の研究と不可分のものとして、各所で展開されることになるのです。

こうして、過去の社会形態と比較し、将来の社会形態とも比較しながら、われわれが生きている資本主義社会の、過去の社会形態を乗り越えてきた前進的、肯定的な面と、次のより高度な社会形態への変革の道を歩まざるをえない制限的、否定的な面とを科学的にとらえてゆくのが、マルクスの研究方法の一つの非常に大きな特徴でした。これは、スミスやリカードウが、まったくもちえなかったものでした。

資本主義社会の内面の論理をつかむ方法論の問題

第二の点は、経済現象を分析する方法にかかわる問題です。

古典派経済学も、マルクスの経済学も、研究する対象は、主として資本主義社会とその経済です。ところが、同じ資本主義経済を研究対象としても、その分析の方法には、根本的な違いがあるのです。

資本主義社会は、たいへん高度で複雑な仕組みをもった経済社会です。この社会を研究して、その運動の法則をつかみだすには、この社会の複雑な仕組みをどういう順序で攻め落としてゆくかという、理論の陣立て、分析の方法論というものが、たいへん重要になってきます。その陣立てを抜きにして、社会の表面に起きてくるいろいろな現象をただあるがままに見ただけでは、この社会を動かしている内面の論理はつかめず、混乱と矛盾に落ち込むだけ、という結果になります。

先ほど、マルクスが自分の著書について述べた「一つの芸術的な全体」という特徴づけの言葉を紹介しましたが（本冊九〇〜九三ページ）、この特徴づけも、実は、マルクスが『資本論』でとった理論的な陣立てと深い関係がありました。

マルクスがとった陣立てとは、どんなものだったでしょうか。

それは、資本主義社会の複雑な仕組みのなかから、その全体の土台をなす最も基礎的な関係の分析から出発し、一歩一歩、より高度な関係の分析に進み、分析の成果を段階的に積み重ねて、資本主義経済の内面的な論理を明らかにしながら、最後に、資本主義社会の表面に生起する複雑な現実の全体を解明する、という方法でした。

資本主義経済の基礎には、生産者が市場で互いに商品を売買しあうという、市場経済の諸関係があります。マルクスが、『資本論』でまず研究するのは、この市場経済の世界にどんな論理、どんな法則が働いているか、という問題です。そこではまだ、資本は出てきません。

市場経済の法則を解明して初めて、その次の段階で、労働力が商品になるという現象――資本家が労働力を買って搾取するという資本主義的搾取の研究に進むことができます。この資本主義の搾取関係の研究にあたっても、マルクスは、そこに働く論理や法則を、理詰めで一歩一歩明らかにしてゆきます。

このあとの進行は、ここではこれ以上立ち入りませんが、『資本論』の全体が、より基礎的な関係の分析からより高度な関係の分析へ進んでゆくという、ぬきさしならない理詰めの方法で組み立てられているのです。こういう方法で、資本主義社会に迫ってゆくからこそ、最後には、資本主義社会の複雑な現実を総合的につかむことができるし、どんな複雑で高度な現象にぶつかっても、内面からその現象を支配する運動の論理を明らかにすることができるのです。マルクスは、自分が駆使したこの方法を、「発生論」的方法と呼び、より基礎的な関係の解明から、必要な「中間項」をたどりながら、より高度な現実にせまってゆく方法として、特徴づけました。

ところが、スミスやリカードウは、その方法論をつかめませんでした。彼らは、表面の現実を記述するだけで満足していた俗流経済学者たちとは違って、資本主義社会を支配する内面の論理を明らかにすることに、自分たちの任務があることは、理解していました。しかし、その内面の論理をつかみだすための方法論をついに会得（えとく）することができず、市場経済の諸関係というらいちばんの土台に属する話も、資本主義というより上の階に属する問題も、そのなかでももっと複雑な、いわば最上階に属するような問題も、全部同じ平面にならべて、ごっちゃにして研究するという態度をとりました。リカードウが、商品経済のいちばん基礎的な法則である価値法則と、資本主義的発展の所産である平均利潤率の法則とを同じ平面において研究し、この二つを両立させようとして収拾のつかない矛盾に落ち込んだのは、その典型的な実例でした。

古典派経済学が、「科学的経済学」を志し、価値法則の発見など、部分的にはその名に値する成果をあげながらも、結局は、資本主義の運動法則の全体的な解明に成功しえなかった大もとには、彼らが資本主義社会を絶対化した誤りとともに、この方法論上の誤りが、大きな根源として働いていたのです。

いま述べた二つの点での古典派経済学との対比は、『資本論』がもっている科学としての価値、その独自の値打ちを鮮やかに示すものです。これも、これから『資本論』を読んでゆく一つの大事な角度として、頭に入れておいてほしい、と思います。

この問題については、よりたちいって解明したマルクスの文章を、〔資料〕として紹介しておきます。

なお、「発生論」的方法の問題は、この文章を読んだだけではわかりにくい面があると思います。以前、『古典学習のすすめ』（一九九六年、新日本出版社）のなかで、より立ち入った解説を行なったことがあるので、今回の講義の終わりに、その部分を「補論」として再録することにしました（本冊一一八～一二八ページ）。

〔資料〕古典派経済学への方法論的批判（マルクス）

（一）古典派経済学は、資本主義の歴史的な性格を認識しない。

「通例の見解にとっては、これらの分配関係は自然的諸関係として、あらゆる社会的生産の本性に、人間的生産の諸法則そのものに由来する諸関係として、現われる。確かに、資本主義以前の諸社会が別の分配諸様式を示すということは否定できないが、しかしその場合には、これらの分配様式は、右の自然的な分配諸関係の、未発展な、不完全な、偽装された、そのもっとも純粋な表現やその最高の姿態に還元されていない、別の色合いをもった様式と解されるのである」（『資本論』第三部「第五一章　分配諸関係と生産諸関係」⑫一五六九ページ、〔Ⅲ〕884ページ）。

（二）古典派経済学は、「発生論的方法」を理解しない。

「古典派経済学は、いろいろな形態を発生論的に展開することに関心をもたず、これらの形態を分析によってそれらの統一性に還元しようとする。というのは、与えられた前提としてのこれらの形態から出発するからである。だが、分析は発生論的叙述の、すなわち種々な段階における現実の形成過程の理解の、必然的な前提である」（『資本論草稿集7』四七七ページ、『剰余価値学説史』全集㉖Ⅲ六四五ページ）。

なお、『剰余価値学説史』では、リカードウ、スミスの費用価格論の批判のところに、「中間項」をとびこして混乱に陥るリカードウの誤りについての、リカードウの著書そのものに即した詳細な批判があります（『資本論草稿集6』二三一～二四〇ページ、『学説史』全集㉖Ⅱ二〇九～二一六ページ）。

「〔剰余価値の法則と平均利潤率の法則とのあいだの〕外観上の矛盾を解決するためには、なお多くの中間項が必要なのであるが、それはあたかも、$\frac{0}{0}$（不破・注）が一つの現実的な大きさを表わしうることを理解するためには、初等代数学の立場からは多くの中間項が必要であるのと同じである。古典派経済学はこの法則〔生産される剰余価値の量は可変資本の量に比例するという法則――不破〕を一度として定式化したことはなかったとはいえ、本能的にこの法則に執着しているのであって、それというのも、この法則が価値法則一般の一つの必然的な帰結だからである。古典派経済学は、乱暴な抽象によってこの法則を、現象の諸矛盾から救おうとしている。リカードウ学派がこのつまずきの石でどのように失敗するにいたったかは、のちに見るであろう」（『資本論』第一部「第九章　剰余価値の率と総量」②五四一ページ、〔Ⅰ〕３２５ページ）。

（注）ここでいう0/0は、微分のこと。つまり、微分が一つの現実的な大きさを表わしうることを理解するためには、初等代数学の段階から、一連の「中間項」を経て、より高度な数学（微分学）に進む必要がある、というたとえ話で、マルクスが、微分の研究に熱中していたために、こういう数学論が『資本論』に登場してきたものです。

六　『資本論』の読み方について

最後に、『資本論』の読み方の問題です。

私は、『資本論』を読む時、警戒すべきことが二つあると思っています。

一つは、「木を見て森を見ない」式の読み方です。

『資本論』の文章というのは、マルクスがこりにこって書いている文章で、文章としてはなかなか難しいものが多くあります。それを、意味を考えながら、一生懸命読む。それはたいへん結構なのですが、一つの区切りから次の区切りへ苦労をかさねて、ともかく一節読み終わったのだが、さて、この節は全体として何の問題を扱い、何を論じてきたのか、それは分からなかった、ということでは、苦労した甲斐がないのです。一つの節を読み終わった時には、そこで何が論じられていたのか、それまでに論じられてきたこととどんな関連があるのかなどを考えなおし、あらためて次の節に進む、そうして一つの章が終わったら、章の全体について考え、この章はこの問題をこういう順序で論じたのだなという大きな流れをつかみながら読む、このことが非常に大事です。

なかには、難しい文章があったり、ほかの部分との関係をよくつかんでいないと読み解けない文章にぶつかったりして、つっかえるところも出てきます。そういう時は、つっかえていいのです。率直に言って、『資本論』を初めて読んで、つっかえることなしに全部終わりまで読み通せる、という人は、まずいないと思います。ただ、つっかえて、意味をつかめないままのところが残ってもいいのですが、この節はあらまし何を論じたところで、次の節は、こういう問題に進み、全体の流れはこうなっているんだな、ということを、必ず考えながら読むことを、忘れないでください。そうすれば、『資本論』についての自分なりの地図ができてきます。あらましの地図ができると、つっかえて飛ばしたところも、地図の上で、この部分が残ったなということを確認しておけば、あとで解決できる時がきます。

こういう点で、「木を見て森を見ない」読み方ではなく、流れをつかむ読み方――口で言うのは簡単でも、実行はむずかしいものですが、ともかくその努力をしてほしい、と思います。

もう一つは、流れをつかむためということで、解説書を読んで終わりにしてしまうことです。たしかに解説書を読めば、あらましは分かります。商品論で言えば、価値、使用価値、商品、労働、貨幣などの基本的な概念やそのあいだの関係、そこに働く法則などは、だいたい説明されています。しかし、これでは、知識としていろいろ分かっても、面白くないのです。

『資本論』という本は、マルクスが科学的な方法論をもって、資本主義社会という複雑な、生きた現実に立ち向かった本です。しかも、そこでは、商品論の部分だけをとっても、史的唯物論による社会の見方、歴史の見方が展開されているし、その論理には「科学の目」で問題を解いてゆく弁証法が体現されています。資本主義を乗り越える未来社会を研究する社会主義・共産主義論も登場します。解説書で、あらましの概念だけを追いかけていると、『資本論』のこの豊かな内容が抜け落ちてしまって、砂をかむような思いが残ります。それなら、わざわざ『資本論』に取り組む意味はないのです。

私は、この二つの点が、『資本論』の読み方として大事だと思っています。ですから、このゼミナールでも、そのことを頭において話してゆくつもりです。みなさんも、そのことを頭において『資本論』を読んでいってください。

これから読む『資本論』は、新版では一二冊です。ゼミナールの方は、特別な政治的な変動が起きないかぎり、あと二〇回ぐらいはできるでしょうが、平均して三回で二冊ぐらいの速さで読んでゆかないと、一年で全三部を読み切るということはできません。そうなると、講義の方も、一章一章、逐条的に解説するようなことはできないのです。それでも、講師をつとめる私としては、一年が終わった時に、おたがいに『資本論』全三部に一通り目を通し、少なくとも、さわりの部分、肉をそぎ落としたガラではなく、肉のおいしいところが（笑い）分かったと思うことができるようなゼミナールにしたいと、思っています。

以下は、そのための私の努力目標ですが、第一に、その時どき講義する部分について、流れが分かること、その部分が『資本論』全体のなかでどういう位置をしめているか、どういう順序で何を論じているかの筋道をつかんでもらえるようにしたい、ということです。問題によっては、逐条的な解説をする場合も出てきますが、それは、マルクスの議論の展開の仕方をのみこむためだと思ってください。

第二に、そこに出てくる大事な概念や規定、考え方などについては、つっこんだ解説をできるだけしてゆくつもりです。概念のなかには、最初の導入の場面ではさらりとした話だが、あとあと思わぬところで大事な関連が出てくるというものもあります。

第三に、本筋にあまり関係なくても、たいへん味のある文章が書きつけられている場合がよくあります。先ほど述べたマルクスの日本論（本冊五六～五八ページ、五九と六一ページの★34と36）

などは、大部分が、そういう形で、時には「注」のなかで、さりげなく出てくるものです。史的唯物論の大事な命題が思わぬところに書き込まれていたりもします。そういう箇所は、やはり大事なさわりの一つで、ちゃんと読んでおかないと、『資本論』を読んだとは言えないことになります。ですから、そういうところは、流れと離れた独立の形ででも、解説をしたいと思います。こんな点に力を入れて、この一年間、味のある、そしてできるだけ核心をついた読み方を志しましょう。

以上は、講師の側の心構えですが、みなさんの方への注文としては、まず予習はしてほしいです。義務づけはしませんが（笑い）、予習はしてきてもらった方が、学習の効率はいいでしょう。復習もやった方がいいですが、これらはすべて、参加者の自発的意志と意欲のいかんにかかることです。

〔補論〕『資本論』の方法論とスミスやリカードウの方法論とを比較する
――『古典学習のすすめ』（一九九六年）から――

〔古典派経済学と『資本論』との方法論の上の違いについては、一九九六年に『古典学習のすすめ』のなかの『資本論』の部分で取り上げ、スミス『国富論』とリカードウ『経済学および課税の原理』の組み立てと『資本論』の組み立てを具体的に対比しながら、解説したことがあります。参考のために、その部分を再録しました〕

スミス、リカードウの著作の構成を見る

スミスとリカードウの経済学の構成とその特質については、マルクスが、『資本論』の第四部――経済学の歴史を論じた『剰余価値学説史』のなかで、たいへん面白い批評をしています（『資本論草稿集6』二三三～二三四ページ、『剰余価値学説史』全集㉖Ⅱ二一〇～二一一ページ）。

まずアダム・スミスですが、マルクスは、スミスの経済学には、二つの魂があるというのです。すなわち、一つの魂は、資本主義社会の隠れた構造を追究しようとする科学的な精神で、ス

ミスは、この精神で、ブルジョア的な経済体制の内的な生理学に突入しようとします。これにたいして、もう一つの魂は、この社会の表面に現われている外観的な現象を観察し、記述し、物語ろうとすることで、その現象形態を分類したり、それに対応する専門用語をつくりだしたりすることに熱中します。スミス自身は、この二つの魂を区別してもいないし、自分のなかに二つの魂があることに気付いてもいません。だから、スミスの主著『国富論』（『諸国民の富』、一七七六年）では、問題をとらえるこの二つの方法が、併存どころか、入り乱れた形で現われます。

経済学の方法自体がまだこういう段階ですから、『国富論』の構成に、『資本論』のような論理的な筋道が期待できないことは、言うまでもないことでした。この著作は、全五編の構成となっており、理論的な問題には主に最初の二編があてられていましたが、第一編は、労働の生産力増進の最大原因となる「分業」から議論を始め、そこから市場と交換、貨幣を論じて価格にいたり、賃金、利潤、地代を研究するという組み立てになっています。[注]

（注）参考のために、『国富論』の編別の目次および第一編の内容を紹介しておきましょう（岩波文庫版の大内兵衛・松川七郎訳による）。

第一編　労働の生産諸力における改善の諸原因について、また、その生産物が人民のさまざまの階級のあいだに自然に分配される秩序について

（一）分業について　（二）分業をひきおこす原理について　（三）分業は市場の広さによって制限されるということ　（四）貨幣の起源および使用について　（五）諸商品の実質価格およ

び名目価格について、すなわち、それらの労働価格および貨幣価格について（六）諸商品の価格の構成部分について（七）諸商品の自然価格および市場価格について（八）労働の賃銀について（九）資財の利潤について（十）労働および資財のさまざまの用途における賃銀および利潤について（十一）土地の地代について

第二編　資財の性質、蓄積および用途について

第三編　さまざまの国民における富裕の進歩の差異について

第四編　経済学の諸体系について

第五編　主権者または国家の収入について

次にリカードウの主著『経済学および課税の原理』（初版、一八一七年）です。リカードウは、経済学の方法の面でも、スミスから大きく前進しました。彼は、資本主義社会の生理学の追究を意識的に経済学の任務とし、価値法則を確認することから出発して、その仕事をやりとげようとしました。彼の著書は、全部で三二章（第三版、一八二一年）からなっていますが、その理論的な構成とその特徴がよく分かるのは、価値、地代、鉱山地代、価格、賃金、利潤などを論じた最初の六章です。あとは、第七章の外国貿易論から第三二章のマルサス〔★65〕の地代論への批判まで、項目別の租税論とか、最初の六章への付録的な補論などが雑然とならんでいて、理論の筋道をたどれるような状態ではありません。

しかも、最初の六章の理論的な部分の展開がまた、たいへんな問題をかかえていました。まず第一章「価値について」ですが、リカードウが価値論を第一章にすえて、「労働時間による価値の規定」が、あらゆる研究の出発点をなすことを明らかにしたのは正解だったのですが、その後の研究の道行きは、奇妙な道程をたどります。

第一章は、研究の出発点で、そこではまだ資本主義社会の複雑な仕組みは問題になっていないし、それに対応する概念を吟味する用意もされていません。ところが、リカードウは、この第一章で早くも、資本の有機的な構成の違いと利潤率の違いの問題とか、平均利潤率の成立が価値法則を修正する問題などの検討を始めるのです。

こうした方法的な混迷は、次の第二章「地代について」に進むともっとひどくなります。だいたい地代の理論を明らかにするためには、その前に平均利潤率の成立が明らかにされていなければならないはずだし、平均利潤率の成立自体は、労賃と利潤の関係、資本主義的搾取の仕組みが明らかになって初めて論じることができるはずです。ところが、リカードウの構想では、賃金は

★65　**マルサス**、トマス・ロバート（一七六六～一八三四）　イギリスの聖職者で経済学者。『人口論』（一七九八年）で、資本主義社会における貧困の原因を、人口の幾何級数的増加に求める資本主義弁護論を展開した。

第五章、利潤は第六章と、ずっと先で吟味されることになっているのですから、第一章の価値論に続いて第二章でいきなり地代に取り組むというのは、理論的な無理を強行することにならざるをえません。リカードウはそんなことはお構いなしに、第二章でより高度な地代の問題を論じ始めます。だから、この第二章で、賃金や利潤の理論の解明を、少なくとも基本点についてはやらざるをえなくなるのです。

　このように、リカードウの頭のなかでは、経済学のいろいろな概念が、順序だって整理されておらず、その内的な関係も本当の意味では明らかになっていないために、結局は、価値と地代を論じるために、経済学の全概念を動員せざるをえなくなったのでした。「リカードウの著書の全体は、そのはじめの二つの章のなかに含まれている」（マルクス、『資本論草稿集6』二三九ページ、『剰余価値学説史』全集㉖Ⅱ二二五ページ）。こういう調子で、議論の順序が逆立ちしたり、次元の違う概念が裸でぶつけられたりするなどの混乱が、いたるところに顔をだしています（注）。

　こういうことは、ただ議論のあとさきが逆になるというだけの問題ではありません。経済学上のいろいろの概念を、それらがそれぞれ理論的な研究の違った段階にあることを無視して、同じ平面のうえで対比したり結びつけたりするわけですから、こんなやり方では、そこからひきだす結論そのものが根本的な間違いに落ちこまざるをえないのです。マルクスは、リカードウの方法は、「必要な諸中間項を飛び越えて直接的な仕方で経済学的諸範疇（はんちゅう）相互の整合を証明しようとする」もので、それはたんに叙述の仕方の欠陥というだけでなく、間違った結論に導くものとなった、と指摘しています（同前『草稿集6』二三三ページ、同前『学説史』全集㉖Ⅱ二一〇ページ）。

「必要な中間項」を飛び越すというのは、マルクスの古典派経済学批判の中心点の一つでした。

（注）リカードウ『経済学および課税の原理』の章別の目次は、次のとおりです（『リカードウ全集』第一巻〈一九七二年、雄松堂書店〉の堀経夫訳による）。

（一）価値について　（二）地代について　（三）鉱山地代について　（四）自然価格と市場価格について　（五）賃銀について　（六）利潤について

〔マルクスは、まずこの（一）から（六）までの構成を見て、「リカードウの理論は、もっぱらその著書のはじめの六章のなかに含まれている」とし、ついでその六章を吟味したうえで、「こうして、リカードウの著書の全体は、そのはじめの二つの章のなかに含まれている」と結論づけました（『資本論草稿集6』二三七、二三九ページ、『剰余価値学説史』全集㉖Ⅱ二一三、二一五ページ）〕

（七）外国貿易について　（八）租税について　（九）原生産物にたいする租税　（一〇）地代にたいする租税　（一一）十分一税　（一二）地租　（一三）金にたいする租税　（一四）家屋にたいする租税　（一五）利潤にたいする租税　（一六）賃銀にたいする租税　（一七）原生産物以外の商品にたいする租税　（一八）救貧税　（一九）貿易路における突然の変化について　（二〇）価値と富、それらの特性　（二一）蓄積の利潤と利子とにおよぼす影響　（二二）輸出奨励金と輸入禁止　（二三）生産奨励金について　（二四）土地地代にかんするアダム・スミス

の学説 （二五） 植民地貿易について （二六） 総収入と純収入について （二七） 通貨と銀行について （二八） 富国と貧国における、金、穀物、および労働の比較価値について （二九） 生産者によって支払われる租税 （三〇） 需要と供給が価値におよぼす影響について （三一） 機械について （三二） 地代についてのマルサス氏の意見

〔マルクスは、この（七）以下の二六章の内容を分析して、そのうち、一四の章は「租税を論じており、したがって、理論的な諸原理の適用を含むにすぎない」し、別の一一の章は第一～第六章の補足あるいは付録であり、通貨と銀行を論じた第二七章は、その著作のなかでまったく孤立した独立の小論であることを指摘しています（『草稿集6』二三六～二三七ページ、同前『学説史』全集㉖Ⅱ二一三ページ）。ここから、「リカードウの理論」ははじめの六章に含まれているという結論が、ひきだされたのです〕

筋道をつかむことに特別の努力を

スミスやリカードウの著作の組み立てのうえで問題点およびそれに対するマルクスの批判を見ると、マルクスが「芸術的な全体」と評価した『資本論』の特徴が、いっそうきわだってくると思います。

第一に、『資本論』では、全体が、もっとも単純なカテゴリー（範疇）あるいは概念から、複

雑なカテゴリー（範疇）あるいは概念へ、という発展の論理でつらぬかれています。

ここでもっとも単純なカテゴリーというのは、資本主義社会の表面にあって、日常目にふれている経済関係を表わしたものなら、なんでもよいということではありません。たとえば、郵便局や銀行にお金をあずければ利子がつく、お金を借りれば利子を払うというのは、資本主義社会の日常生活では当たり前の、誰でも経験している現象です。しかし、これは、経済関係としては、たいへん高度で複雑な関係で、ここには経済の本質的な関係が逆立ちして現われています。この逆立ちした現象から出発して、非科学的な混迷におちいったのが、いわゆる俗流経済学でした。

スミスの場合には、経済学を展開する出発点を「分業」におきました。分業も、たしかに日常的に経験している単純な諸関係の一つですが、これは資本主義社会だけに特有だという経済関係ではありません。それは、資本主義以前の、封建制社会や奴隷制社会はもちろん、原始的な共同体の社会でも、存在していました。分業のような、さまざまな歴史段階の人間社会に共通する経済関係から出発したのでは、資本主義社会の経済学を筋道のたった形で展開するわけにはゆきません。

『資本論』は、その出発点を、商品交換の法則――価値法則の究明におきました。価値とは、資本主義社会のもっとも日常的でもっとも広範な経済関係を表現した、もっとも簡単なカテゴリーであると同時に、そこに、資本主義的な諸関係のすべてが展開されてゆく展望が含まれているという意味で、もっとも基礎的なカテゴリーです。これを商品の生産と交換の分析の出発点としたこと自体が、マルクスの方法の科学性を示すものでした。

第二に、商品経済の諸関係の分析から出発したマルクスは、商品から貨幣へ、さらに資本へ、そして資本の運動の諸形態、諸側面の解明へと進んでゆきます。単純なものから複雑なものへのこの展開は、どの段階でも、論理がきわめて厳密に組み立てられており、リカードウの場合のような、順序の入れ違いとか、中間項の飛び越しなどは、どこにもまったく見られません。

読者が、マルクスが議論を展開してゆく筋道を注意深く追ってゆくと、『資本論』の全体が、こういうぬきさしならない論理の石組みで綿密に組み立てられていることが、分かるはずです。たとえば、『資本論』第二部「資本の流通過程」は、循環論、回転論など、資本の内部的な運動形態の、それも数式つきの地味な分析の連続で、なぜこんなややこしい分析をと、溜め息が出ることも多いところです。編集者のエンゲルスもここを「無味乾燥」と評しました。ところが、第三部に進むと、この「無味乾燥」な循環論や回転論が、利潤論や信用論、地代論などを科学的に解明するために、欠くことのできない「中間項」であったことが、思い知らされます。

エンゲルスは、『資本論』第一巻を最初に読んだ感想を述べた手紙の一つで、「この完全な方法に祝辞を呈する。この方法では、厄介きわまる経済学上の諸問題が正しい関連のなかにおき直され組み込まれるだけのことによって、簡単に、ほとんど感覚的に、解明されるのだ」（エンゲルスからマルクスへ　一八六七年八月二三日　全集㉛二七一ページ）と書いています。これは、まさにマルクスの方法の中心点をみごとに言い当てた賛辞でした。

第三に注目したいのは、単純なものから複雑なものへという分析のこの発展が、資本主義社会をより具体的により全面的にとらえてゆく認識の前進過程となっている、ということです。マルクスは、『資本論』第三部の序論的な部分で、資本がとる姿は、この部の分析を通じて、「それらが社会の表面で、さまざまな資本の相互の行動である競争のなかに、また生産当事者たち自身の日常の意識のなかに現われる形態」に一歩一歩近づいてくる、といっています（『資本論』⑧四八ページ、〔Ⅲ〕３３ページ）。

そのことにくわえてもう一つ重要な点は、単純なものから複雑なものへのこの発展は、論理的な発展であると同時に、多くの場合、歴史的な発展――それが表現している経済的な諸関係の歴史のうえでの形成過程に対応している、という問題です。つまり、価値論のところで、単純な価値形態から貨幣形態への論理的な発展が、単純商品交換から貨幣関係への歴史的な発展に対応していることや、価値から生産価格への発展が、平均利潤率が形成され支配的な力を及ぼすようになるまでの歴史過程に対応していることなどは、その典型的な実例だと言ってよいでしょう。

ここには、マルクスの方法の核心の一つがあります。先ほど紹介したリカードウ批判――「中間項」の飛び越え（本冊一二一～一二三ページ）――に関連して、マルクスは、自分の方法を、「発生論的」な叙述あるいは「発生論的」な展開と特徴づけました（『資本論草稿集７』四七七ページ、『剰余価値学説史』全集㉖Ⅲ六四五ページ）。単純なものから複雑なものへのカテゴリーの移行は、現実の歴史のなかでの経済関係の発展に対応しており、論理のうえで必要な「中間項」をたどることは、「種々な段階における現実の形成過程」を理解することだ、という意味です。この歴史のうえでの「現実の形成過程」を理解することを、マルクスは、「発生論的」という言葉で呼んだのでした。

以上、マルクスの方法について、『資本論』の組み立てにかかわるいくつかの特徴を説明しました。私がとくに強調したいのは、『資本論』を読む時には、これらの点も頭に入れながら、マルクスの議論の順序だて、論理の筋道をきちんとつかんで読むことに、とりわけ力を入れてもらいたい、ということです。

第一部

資本の生産過程

講義第2回

第一篇　商品と貨幣（上）

今日から、『資本論』の本文に入ります。

第一部第一篇は「商品と貨幣」、内容は、いわば市場経済の研究だと思ってもらえばよい、と思います。全体で三つの章にわかれていて、「第一章　商品」は、まず商品そのものの研究、「第二章　交換過程」は、その商品をつくる生産者の市場での行動の研究、「第三章　貨幣または商品流通」は、貨幣の役割と運動を中心にした市場経済の研究です。

さっそく第一章の中身に入りましょう。

第一章　商　品

第一節　商品の二つの要因——使用価値と価値（価値の実体、価値の大きさ）

研究の対象は市場経済そのもの

「第一節　商品の二つの要因——使用価値と価値（価値の実体、価値の大きさ）」は、商品についてのもっとも基礎的な分析です。

まず重要なことは、この節の冒頭にある次の文章です。

「資本主義的生産様式が支配している諸社会の富は、『商品の巨大な集まり』として現われ、個々の商品はその富の要素形態として現われる。したがって、われわれの研究は、商品の分析から始まる」（『資本論』①六五ページ、〔Ⅰ〕49ページ）。

この文章は、たいへん凝った文章です。ここで「われわれの研究は、商品の分析から始まる」と述べているように、『資本論』の初めの篇である第一篇は、商品経済の研究であって、「資本」というものは、まだ出てきません。たまたま顔を出すこともないわけではありませんが、だいたい「資本」ぬきで市場経済を研究するのが、「第一篇　商品と貨幣」の主題なのです。

では、ここでの研究の対象は、資本がまだ存在しない社会、資本主義以前の社会なのかというと、そうではありません。いまの文章で、マルクスは、ここで研究する社会とは「資本主義的生産様式が支配している諸社会」――資本主義社会だということを、明確に述べています。つまり、資本主義以前の社会ではなく、資本主義社会を、商品の生産と交換、市場経済という面からとらえて研究する、それが第一篇の研究対象なのです。

ここにマルクスの研究方法の現われがある

実は、ここに、『資本論』におけるマルクスの研究方法を理解するうえで、たいへん大事な問題があります。

〔資料〕としてかかげた文章を見てください。これは、マルクスが、『五七〜五八年草稿』を書く前に、その「序説」として書いたものです。かなり長い文章なので、基本になるところを抜粋しましたが、それだけでも考え方のあらましは分かると思います。小見出しは、私がつけたものです。

〔資料〕**経済学の方法（マルクス）**

マルクス『経済学批判・序説』「（3）経済学の方法」から

分析は、現実的な全体からより単純な概念へと進み、そこから〝あともどりの旅〟が始まる。「ある与えられた一国を経済学的に考察する場合には、われわれはその国の人口、その人口の諸階級への分布、都市、農村、海洋、さまざまな生産部門、輸出入、年々の生産と消費、商品価格、等から始める。

実在的なものと具体的なものから、つまり現実的前提から始めること、したがってたとえば経済学では、社会的生産行為の全体の基礎であり主体である人口から始めることは、正しいことであるように見える。しかしこれは、もっと詳しく考察してみると、まちがいであることがわかる。……もし私が人口から始めるとしても、それは全体の混沌とした表象であり、もっと立ち入って規定をくわえることによって、私は分析的に、だんだんとより単純な概念にいたるであろう。つまり、表象された具体的なものから、ますますより希薄な抽象的なものにすすみ、ついには、もっとも単純な諸規定にまで到達するであろう。そこからこんどは、ふたたびあともどりの旅が始まるはずであって、最後にふたたび人口に到達するであろう。だがこんど到達するのは、全体の混沌とした表象としての人口ではなく、多くの諸規定と諸関連をともなった豊かな総体としての人口である」（古典選書『「経済学批判」への序言・序説』五八～六〇ページ、全集⑬六二七ページ）。

経済学の歴史が示すもの。「第一の道は、経済学が生成したころに歴史的にたどった道である。たとえば一七世紀の経済学者たちはいつも、生きた全体である人口、国民、国家、多数の国家などから着手した。しかし彼らはいつも、分析によって、若干の規定的な抽象的一般的諸関連、たとえば分業、貨幣、価値などをみつけだすことに終わった。これらの個々の諸契機が多かれ少なかれ確定され抽象されるとすぐに、さまざまな経済学の諸体系が始まったのであり、労働、分業、欲求、交換価値のような単純なものから上向していって、国家、諸国民の交換、そして世界市場にまでいたった。このあとの方が、明らかに、科学的に正しい方法である」（古典選書六〇ページ、全集⑬同前）。

具体的なものは、諸規定を総括した結論として現われる。「具体的なものが具体的であるゆえんは、それが多くの諸規定の総括であり、したがって多様なものの統一だからである。それゆえ、思考においては、具体的なものは、それが現実の出発点であり、したがってまた直観と表象との出発点であるにもかかわらず、総括の過程として、結果として現われるのであって、出発点としては現われない。第一の道では、完全な表象が気化されて抽象的な規定になったが、第二の道では、抽象的な諸規定が思考の道をたどって具体的なものの再生産に向かう」（古典選書同前、全集⑬六二七～六二八ページ）。

理論的な思考においては、実在的な主体・社会がいつも頭に浮かべられていなければならない。「抽象的なものから具体的なものへ上向する方法は、ただ、具体的なものを自分のものとし、それを精神のうえで具体的なものとして再生産するための、思考にとってのやり方であるにすぎない。……この思考する頭脳が世界をわがものにする仕方は、精神世界での芸術的、宗教的、または実践的な仕方とは違う、自分だけにできる仕方である。実在的な主体は、頭脳が単に思弁的、理論的にだけふるまう限りでは、いままでどおり頭脳の外に、その自立性を保って存在し続ける。それゆえ、理論的方法においてもまた、主体すなわち社会が、つねに前提として表象に思い浮かべられていなければならない」（古典選書六一～六二ページ、全集⑬六二八～六二九ページ）。

マルクスがこの文章で述べていることは、これから読もうとしている『資本論』の組み立てに照らして考えてみると、よく分かると思います。

私たちが生きている社会は、高度に発達した資本主義社会である日本社会です。この社会はどんな社会か、マルクスは、まず見えてくるのは、人口とその階級分布、都市と農村、海洋、生産部門や輸出入等々だと述べています。私たちが日本社会を見る場合にも、同じことで、毎日の新聞やテレビから多くの情報が入ってきますし、統計数字でもマルクスの時代よりはるかに多くの経済情報がえられますが、そこで見えてくるのは、この社会の表面で起きている諸現象とその数量的な総括です。これは、日本社会の分析の出発点にはなりますが、これらの諸現象をそのまま記述したのでは、経済学の分析にはなりません。

その社会を本当に分析するためには、表面の諸現象にとどまらないで、その社会の経済的な仕組みがどうなっているか、その組み立てを一歩一歩掘り下げてゆく作業が必要です。その掘り下げが的確な道をたどれば、この組み立て全体の土台をなすいちばん基本の仕組みにゆきつくはずです。その基本的な仕組みを表現するのは、「単純な概念」あるいは「抽象的な諸規定」ですが、その土台の仕組みには、その概念や規定を出発点とする〝あともどりの旅〟をたどり直してゆけば、「豊かな総体」の再構成に到達できるだけの内容が、含まれています。マルクスが、資本主義社会の全体的な「混沌とした表象」を掘り下げ、これが、理論的な再構成の出発点となる基本的な土台だとしてつかみだしたのが、商品の生産と交換からなる市場経済の諸関係であり、それを表現する諸概念、諸規定だったのです。

マルクスは、この文章で、この「もっとも単純な諸規定」から出発し、より具体的な諸規定を一段一段たどってゆけば、最後には、ふたたび具体的な全体に到達する、しかし、その具体的な全体（社会）とは、最初の「混沌とした」表象ではなく、「多くの諸規定と諸関連をともなった豊かな総体」である、つまり、そこに到達した段階では、社会を動かす内面の論理をすっかりわがものとし、運動の法則も、いろいろな組み立てもすべて理論的にのみこんで、豊かな社会像を描き出せるはずだ、と説いています。

これが、『資本論』での研究方法であり、前回の講義で「発生論的方法」として説明したもの（本冊一〇八〜一一三ページ）は、このことにほかなりません。

実際、マルクスは、『資本論』での研究を、忠実にこの方法にしたがって展開しています。先ほど述べたように、マルクスが、資本主義社会の複雑な仕組みの土台として突き止めたのは、商品の生産と交換からなる市場経済の諸関係でした（本冊一三二ページ）。そこから出発して、次の段階では、資本主義的生産の論理がこの市場経済からどのようにして生まれるかの分析に進み、さらに、資本主義的生産の分析を、生産過程から流通過程へと段階を追って進めます。こうして、資本主義の内面的な論理を徹底的に明らかにしたのちに、最後に、平均利潤、商業利潤、利子と企業者利得、地代などが表向きの主役を演じる現象世界にもどってくるのですが、その時には、この世界は、最初に見たような「混沌とした」世界ではなく、「多くの諸規定と諸関連をともなった豊かな総体」としての世界――その内面を支配する法則も、その本質的な諸関係がなぜこのような現象的形態をとるかの論理も、すべて明らかにされた資本主義社会として、とらえられるのです。

私たちが、『資本論』第一部第一篇で研究するのは、こういう位置をもった、資本主義社会の研究の出発点となる市場経済であり、そこで主役を演じる商品です。そこで資本がまだ登場しないということは、研究する社会が、資本主義以前の社会だということではありません。本冊一三一ページで述べたように、資本主義社会を、まず商品経済、市場経済という側面から分析しようということです。

ここで、先ほどの文章の最後の部分（本冊一三六ページ）でマルクスが述べていること、すなわち、理論的な研究をする時には、「主体すなわち社会が、つねに前提として表象に思い浮かべられていなければならない」という言葉を思い起こしてください。私たちは、マルクスの方法にしたがって、まず商品を研究するのだが、その段階でも、研究の対象は、資本主義社会——私たちの場合で言えば、まず今日の日本の資本主義社会——だということを、「つねに前提として」頭のなかに「思い浮かべて」いることが大事なのです。

第一節を順を追って読む

第一節は、『資本論』の最初の部分ですし、マルクスの議論の進め方をのみこむためにも、ここは、順を追って逐条的に、一区切りずつ読んでゆくことにします。行の変わるところを区切り目としますと、第一節は、全体で一七の区切りから成り立っています。

（イ）〔第一の区切り〕。先ほど見た最初の文章です。ここで、資本主義社会を、商品経済の社会として分析するという、研究の対象が明らかにされます。

（ロ）〔第二～第四の区切り〕。次にマルクスは、どんな商品でも、人間のなんらかの種類の欲求をみたすという性質（「使用価値」）をもっているとして、その面から見た商品の性格分析を、いろいろな角度から行なっています。この文章を読むと、マルクスがものごとをいかに丁寧に分析してゆくかが分かるでしょう。商品は人間のなんらかの欲求をみたす性質――使用価値をもっているという時、その欲求が現実の「胃袋から生じるか」、頭のなかだけの「想像から生じるか」は問題にしないということまで、きちんと説明するのですから。このあたりに、『資本論』の文章の独特の調子があります。結局、ここで言っていることは、商品は、人間にとっての有用性という面から特徴づけると「使用価値」だということです。

（ハ）〔第五、第六の区切り〕。次にマルクスは、商品のもつもう一つの側面、種類の違う他の商品と交換されるという性質の分析に進みます。商品は、人間にとって使用価値をもっていますが、これを作った人が自分で消費してしまったら、商品にはなりません。それを他の誰かに売って、自分が必要とする他の品物と交換する、こういうことができるからこそ、それは商品なのです。マルクスは、この面から見た商品の値打ちを「交換価値」と呼びます。交換価値の大きさは、まず、使用価値の異なる他の商品と交換する割合ではかられます。

（ニ）〔第七～第一〇の区切り〕。使用価値の異なる商品が交換されるというのは、それがなんらかの面で同じ値打ちをもっているからこそ、成り立つことです。たとえば、一リットルの小麦が二キログラムの鉄と交換されるとしたら、「一リットルの小麦＝二キログラムの鉄」といった式が成り立っているわけで、そこには、小麦と鉄という、使用価値のまったく異なるものを同じモノサシではかる何か共通項があるはずです。

マルクスの次の分析は、その共通項の探索に向けられます。使用価値にかかわる商品のあれこれの性質は、こういう共通項にはなりえません。こうして追究してゆくと、共通項として残るのは、その商品が人間の労働の生産物だという性質だけです。しかも、労働と言っても、大工さんの労働とか、機械を運転する労働とか、労働の具体的な内容は、共通項とはなりえません。結局、商品交換を成り立たせる共通のモノサシとして最後に浮かびあがってくるのは、どういう形にせよ、その商品の生産に人間の一定の労働がつぎこまれている、という事実です。これが、具体的な姿・形をとりのぞいた人間労働一般、「抽象的人間的労働」と呼ばれるものです。こういう理詰めの追究によって、マルクスは、商品交換の秘密を突き止めたのでした。

（ホ）〔第一一～第一三の区切り〕。ここで、マルクスは、これまでの考察を、一つの結論にまとめます。その商品を生産するために人間の労働力が支出され、そこに対象化されて堆積（たいせき）されているということが、商品の「価値」を形成する、この「価値」がいろいろな商品の交換のなかに表われる共通物であって、価値の大きさは、その商品の生産に必要な労働時間の長さによって決められる、などなどです。

（へ）〔第一四～最後の第一七の区切り〕。そのあとは、価値の理解に関連する一連の問題が取り上げられています。

その一つにこんな問題があります。商品の価値が労働時間ではかられるとなると、不器用な人や怠けがちの人が生産に時間をかければかけるほど、できあがった商品は大きな価値をもつことになるのか（第一四の区切り）。この疑問にたいして、マルクスは、そんなことは市場経済では通用しない、価値を生み出すのは「社会的に必要な労働時間」であり、「社会的平均労働力」としての働きであって、不器用な人が余分の時間をかけても、その余分は市場経済の勘定には入らない、と答えます。

また同じ商品であっても、社会の生産力が全体として向上して、より少ない労働時間で生産できるようになると、その商品の価値はそれに応じて下がってゆく、ということも解明されます（第一六の区切り）。

最後の文章（第一七の区切り）では、人間にとってどんなに有用なものであっても、その存在のために人間の労働を必要としないものは、価値をもたないということが、説明されています。マルクスがあげている「空気」はその典型ですが、同じ「空気」でも、人間の加工の手がくわえられた「圧搾空気」は価値をもつようになります。

こうして、マルクスは、商品経済の法則の根本を明らかにしました。

――商品経済の世界では、多種多様な商品があって、たがいに交換されている。市場の変動はいろいろあるが、長い目で平均的に見ると、その交換の割合は、それぞれの商品の生産は「社会的に必要な労働」がどれだけ支出されているか、ということで決まってくる。

マルクスが商品の分析で到達したのは、こういう結論でした。ここで見てきた二つの概念――『資本論』のいちばん最初の節で登場する「使用価値」と「価値」――は、これから資本主義社会のどんな問題を分析するさいにも、どうしても必要になる基本的な概念となります。

いくつかの注釈をくわえると

これが、第一節でのマルクスの商品論のあらましですが、ここで、いくつかの注釈をくわえておきましょう。

（一）**使用価値という規定の重要な意義**。商品のもつ二つの側面（使用価値と価値）のうち、使用価値は、日常生活の上でもわかりやすい規定ですが、価値の方は、科学の目で分析しないと見えてきません。だから、マルクスは、価値の規定の分析に大いに力を入れたのですが、そこから、〝経済学では価値だけが問題で、使用価値は問題にならない〟といった早呑（はやの）み込みをする人もいます。これは、たいへんな勘違いです。『資本論』の商品論をきちんと読めば分かるように、マルクスは、商品を価値と使用価値という二つの側面から分析しているのであって、使用価値を無視したり、この規定を、経済学の上で意味のない無用なものとして扱ったことなど、一度もないのです。

実際、私たちは、これから『資本論』を読んでゆくなかで、使用価値が理論の展開の上で特別の意義をもつ箇所に、何回も出会うことになるでしょう〔★66〕。

マルクスが生きていた時期にも、この点の誤解に立って、マルクスを攻撃した経済学者がいました。アードルフ・ヴァーグナー〔★67〕というドイツの経済学者で、一八七九年に出版した『経済学教科書』のなかで、マルクスが「使用価値」を経済学から追い出すよう主張したという批判をくわえたのです。マルクスは、一八七九〜八一年のノートのなかに書き込んだヴァーグナーの著書にたいする論評のなかで、彼のこの批判を「たわごと」と呼び、『資本論』で展開した使用価値論の簡潔なスケッチを与え、その結論として、「私にあっては使用価値はいままでの経済学におけるのとはまったく違った仕方で重要な役割を演じていること」を指摘しています（「〔アードルフ・ヴァーグナー著『経済学教科書』への傍注〕」全集⑲三六九〜三七一ページ）。

（二）**商品の歴史的性格**（**生産物はどんな条件のもとで、商品になるか**）。マルクスが、第一節の最後の文章（第一七の区切り）で、生産物が商品になるのは、どんな条件のもとでか、という問題を、整理して論じているのは、大事な点です。人間がものを生産したら、それがいつでもどこでも商品になるわけではありません。生産物が商品になるためには、二つの条件が必要です。

第一の条件は、自分のためではなく、他人のための使用価値を生産する、ということです。自分や自分の家族のためにものをつくったのでは、いくら労働しても、生産物は商品にならないのです。だから、日曜大工の作品は、そこにどれだけの労働がつぎこまれていても、商品にはなりません。自分や家族のための労働だからです。

第二は、生産物が、他人のための使用価値であるだけではなく、その他人の手に、交換を通じて引き渡される、という条件です。たとえば、江戸時代の農民は、領主という他人のためにコメを生産しますが、生産したコメは、年貢として取り上げられるのであって、代金をとって売るわけではありません。こういう生産物は、他人のための使用価値ではあっても、商品ではないのです。

このように見てくると、商品というものが、一定の歴史的条件がそなわった時に生まれてくる歴史的な存在であることが、分かります。講義第1回で、古典派経済学とマルクスの経済学との

★66 **使用価値論の展開** 経済学研究におけるマルクスの使用価値論の展開については、不破『マルクス 弁証法観の進化を探る』(前出)の第二篇「使用価値と交換価値の弁証法」で、詳しい検討を行なった。

★67 **ヴァーグナー**、アードルフ・ハインリヒ(一八三五〜一九一七) ドイツの経済学者で、ビスマルクの反動政策を支持。キリスト教社会党の創立者(一八七八年)。『経済学教科書』(一八七九年)を著わす。

違いを説明した時、第一の問題として、資本主義社会を人間社会の不変の形態のものと見る立場と、歴史のある段階で生まれる一つの社会形態と見る立場との違いをあげました（本冊一〇四〜一〇七ページ）。この違いは、商品というもっとも単純な存在を見る時にも、はっきり出てくるわけで、『資本論』は、そういう歴史的な見方をつらぬいているから、商品の本当の性格を深く分析することができたのです。

（三）**『資本論』での「注」の読み方**。次に、この第一節を材料にして、『資本論』を読むうえで参考になる一つのことを紹介しておきましょう。それは、マルクスがあちこちに書き込んである「注」の読み方です。

「注」のなかには、本文での議論に補足的な解説をくわえたり、その議論に関連する問題点についてのマルクスの見解を展開したりしている「注」も、たくさんあります。なかには、そこでマルクスが重要な理論的な展開を行なっている、という場合も少なからずあります。すこしあとの節・第四節での「注」ですが、「注三一」のリカードウ批判、「注三二」の古典派経済学への総括的な批判、さらに「注三三」のバスティア〔★68〕ら俗流経済学者への批判などの連続した「注」（『資本論』①一四三〜一四八ページ、〔Ⅰ〕９４〜９６ページ）などでは、それぞれに独立の一論文としても通用するような、重要な理論展開が行なわれています。こういうところは、「注」として小さい活字で組んであっても、きちんと読まないと、『資本論』の理論内容の大事な部分を見逃すことになりかねません。

第二に、「注」のなかでもっとも大きな部分を占めるのは、いろいろな経済学者の著作からの引用です。これらの引用には、ただ、本文の指摘に関連した文献ということではなく、マルクスは特別の意味をこめています。

エンゲルスは、『資本論』第一部第三版（一八八三年）の「あとがき」のなかで、マルクスの引用の仕方について、次のような解説を行なっていますが、それは、なによりも、「注」での経済学の諸文献からの引用を念頭においての解説でした。

「最後に、あまり理解されていないマルクスの引用の仕方について、なお一言しておこう。純然たる事実の報告や記述の場合には、たとえば、イギリスの青書〔★69〕からの引用が、言うまでもなく単純な文書による証明として役立っている。だが、ほかの経済学者たちの理論的見解が引用される場合には、事情は異なる。この場合には、引用は、〔経済学の〕発展過程のなかで生まれてくる経済思想が、どこで、いつ、だれによってはじめて明白に語られているか

★68　**バスティア、フレデリック**（一八〇一～五〇）　フランスの経済学者。階級調和論の代表者。主著『経済的調和』（一八五〇年）。

★69　**イギリスの青書**　イギリス議会や外務省の公式報告書。表紙が青色であるためこう呼ばれた。

を確定するだけのものとされている。そのさい肝要なことは、問題の経済学的表象がこの学問の歴史にとって意義のあるものであるということ、それがその時代の経済状態の多かれ少なかれ適切な理論的表現であるということだけである」（同前四二～四三ページ、〔I〕34～35ページ）。

その経済思想が「どこで、いつ、だれによって、はじめて明白に語られているか」を確定する、ということは、なみたいていの努力でできることではありません。これは、これまでに現われた経済学のすべての文献を研究し、その研究を、〝歴史的に意義ある文献で、自分が見落としたものはない〟と確言できるところまで徹底してやりぬいたマルクスだからこそ、できたことでした。

実例として、第一節の「注」のいくつかを取り出してみましょう。『資本論』①の七三～七四ページ（〔I〕54ページ）に、経済学者からの引用の「注」が、「注九」「注一〇」「注一一」とならんでいます。

「注九」は、「価値の大きさを規定するのは、社会的に必要な労働の分量、または、その使用価値の生産に社会的に必要な労働時間にほかならない」というマルクスの文章につけられた「注」です。つまり、労働価値説の柱とも言うべきこの見解を、初めて明白に述べたのは、だれのどういう著作か、という問題への回答が、この「注」に記述されているわけです。マルクスがあたえた回答は、一七三九年か一七四〇年に刊行されたと推察される、イギリスの匿名の人物の著作が、その見解の最初の言明だということでした。大英図書館に通って、誰にも読まれないまま埋もれていた本まで探し出して読むほどの徹底した研究をしていたマルクスは、スミス『国富論』が刊行される三十数年も前の匿名の著作のなかに、労働価値説が明白に表明されたこと、しかも、それ以前には、そういう言明が存在しないことを、つきとめたのでした。

「注一〇」は、「個々の商品は、ここでは一般に、それが属する商品種類の平均見本として通用する」という文章につけられたものですが、「注」を読むことによって、読者は、そういう考え方を最初に述べたのがフランスの重農主義〔★70〕の経済学者ル・トローヌ〔★71〕であること

★70　**重農主義**　一八世紀後半のフランスで、ケネー（＊）などが主張した経済理論と政策。土地が富の唯一の源泉であり、農業生産だけが純生産物（つまり剰余価値）を生み出すとした。

＊　**ケネー**、フランソワ（一六九四〜一七七四）　重農主義を代表するフランスの経済学者。ケネーは、その『経済表』（一七五八年）によって、初めて社会的総資本の再生産と循環の表式的解明を試みた。マルクスは、これを「天才的な着想」（『資本論草稿集５』五二五ページ、『剰余価値学説史』全集㉖Ⅰ四二八ページ）と評価した。

★71　**ル・トローヌ**、ギヨーム‐フランソワ（一七二八〜八〇）　フランスの重農主義の経済学者。『社会的秩序について』（一七七七年）で、重農主義の価値論をまとまって展開した。

を、知ることができます。

「注一二」では、マルクス自身の『経済学批判』が紹介されています。ここは、本文に、「価値としては、すべての商品は、一定量の凝固した労働時間にほかならない」という引用があり、「注」に、それが『経済学批判』からのものであると説明されるのですが、これによって、この部分の理論展開は、マルクスによって初めて行なわれたものであることが分かるのです。

エンゲルスはこれらの引用について、「経済理論の個々の比較的重要な進歩を、年代と著者とによって確定するもの」（同前四三ページ、〔I〕35ページ）と意義づけています。飛ばし読みされがちな「注」ですが、こういう意味を知れば、そこにも、なかなかの味があることが分かってもらえるのではないでしょうか。

〔解説〕**『経済学批判、第一分冊』について**

一八五九年に第一分冊が刊行された『経済学批判』は、経済学についてのマルクスの最初のまとまった著作です。マルクスは、引き続き第二分冊、第三分冊と書き続け、この題名のもとに、経済学についての著作を執筆するつもりでした。『六一～六三年草稿』は、そのための草稿でしたから、マルクスは、商品と貨幣の問題はすでに解決ずみとして、「第三章資本一般」から、この草稿を書き始めました。その構想を変更し、『資本論』の名で、商品論を含む新しい著作として発行する構想に切り替えたのは、『六一～六三年草稿』の執筆が最終段階にかかった頃でした。

『経済学批判』という著作の構想は、いまの『資本論』よりもはるかに壮大なものでした。マルクスはまず、全体のプランとして、次のような六部構成の著作を考えました。

1資本、2土地所有、3賃労働、4国家、5外国貿易、6世界市場（『経済学批判・序言』による。古典選書一一ページ、全集⑬五ページ）。

第一部の「資本」は、次の四篇から成り立つとされました。

（a）資本一般、（b）競争、（c）信用、（d）株式資本（マルクスからエンゲルスへ　一八五八年四月二日『書簡選集』上・一二二ページ、全集㉙二四六ページ）。

この最初の章となる「（a）資本一般」は、さらに、1価値、2貨幣、3資本にわかれます（同前一二一～一二六ページ、全集㉙二四六～二五〇ページ）。

マルクスは、『経済学批判、第一分冊』を、「（a）資本一般」の全体にあてるつもりでしたが、書いてみると、「1価値、2貨幣」の二章だけで（章の表題は、1商品、2貨幣と商品流通に変更）一冊分を占めるものとなったので、「3資本」は第二分冊として発行する方針に切り替え、商品・貨幣論だけで、第一分冊を発行したのです（変更のいきさつは、エンゲルスへの五九年一月一三日と一五日とのあいだの手紙を参照してください。『書簡選集』上・一三八ページ、全集㉙二九九～三〇〇ページ）。

『経済学批判、第一分冊』には、マルクスが『資本論』第一部第一篇で展開した商品論、貨幣論の多くの論点が含まれています。しかし、『資本論』では、どの主題についても、いちだんと練り上げられた詳細な考察が行なわれており、この二つを比較して読むと、この間の九年間に、マルクスがどの部分をどのように理論的に発展させたのかが、よく分かります。

『経済学批判』のさらに重要な特徴は、一連の問題で、『資本論』にはないかあるいは要約的な形でしか触れられていない展開、つまり、『経済学批判』ならではの考察が含まれていることです。プルードンの貨幣論の理論の実践の批判も、そういう問題の一つですが、注目すべきことは、「A　商品の分析の史的考察」、「B　貨幣の度量単位にかんする諸理論」、「C　流通手段と貨幣にかんする諸理論」と、商品論、貨幣論をめぐる経済学史が三項目にわたって、述べられていることです。価値論や貨幣論の歴史の批判的分析というのは、『資本論』にはもちろん、『六一～六三年草稿』の一部である『剰余価値学説史』にも含まれていない主題です。経済学のどんな問題でも、これまでの諸見解の批判的な検討を通じて、マルクス自身の見解もいっそう鮮明に浮かび上がってくるものですから、その点だけでも、『経済学批判』は、『資本論』の商品論、貨幣論をより深く理解する助けとして、独自の理論的な価値をもっていることは、間違いないところです。

第二節　商品に表わされる労働の二重性格

労働の二重性の発見

「第二節　商品に表わされる労働の二重性格」に進みましょう。

第一節で、マルクスは、商品は使用価値と価値という二つの要因、二つの側面をもつことをつきとめました。このことは、スミス、リカードウなどそれまでの経済学者たちも、言い方はいろいろですが、一応認めていたことでした。しかし、マルクスは、そこで止まりませんでした。問題をさらに突っ込んで、商品のこの二重の性格の根本には、商品を生み出す人間の労働自体の二重性があることまで、つきとめました。

すなわち、人間の労働が、ある特定の使用価値（たとえば上着）を生産するためには、その労働が、「その目的、作業様式、対象、手段、および結果」（『資本論』①七七ページ、〔Ⅰ〕56ページ）において、その使用価値の生産に適合する内容をもっていなければなりません。具体的にそういう内容をそなえた具体的労働であってこそ、生産しようとしている特定の使用価値をつくりだすことができるのです。この点では、ある使用価値を生産する労働と別の使用価値を生産する労働とは、異なる具体的性質、異なる有用性をもっています。

一方、これらの労働は、第一節で詳細に分析したように、たがいに異なる使用価値を生産しているとしても、その社会が必要とする生産物を生産するという点では、人間的労働力の社会的に必要な支出という共通の性格をもっています。そして、人間労働は、この共通の性格において、価値を生産するのです。

「注一二」（同前）にあるように、マルクスは、このことを、前著の『経済学批判』で初めて解明しました。そして、経済学の歴史の上で、人間の労働そのものが、生産する使用価値の特性に対応する具体的労働としての性質と、生産する物も労働の仕方も違うが、すべての生産労働に共通する人間労働一般という性質と、二重の性格をもっていることをつきとめ、その認識を価値論の根本にすえたのは、文字通りマルクスが初めてでした。

マルクスは、この発見に、たいへん大きな重要性をあたえていました。この問題について、『資本論』第一巻の発行後に、エンゲルスにあてて書いた二つの手紙を紹介しましょう。

最初の手紙は、『資本論』第一部がまだ印刷中だった一八六七年八月に書かれた手紙です。このなかで、マルクスは、『資本論』第一巻のなかでもっとも自慢できる点として、二つの点を指摘し、その第一に、「労働の二重性」をあげたのです。

「僕の本のなかの最良の点は次の二点だ。（1）（これには事実のいっさいの理解にもとづいている）すぐ第一章で強調されているような、使用価値で表わされるか交換価値で表わされるかに従っての労働の二重性、（2）剰余価値を利潤や利子や地代などというその特殊な諸形態から独立に取り扱っているということ。ことに第二巻〔現行の第二部・第三部のこと――不破〕ではこれが明らかになるだろう。これらの特殊な諸形態をいつでも一般的な形態と混同している古典派経済学におけるこれらの形態の取扱いは、ごった煮のようなものだ」（マルクスからエンゲルスへ　一八六七年八月二四日　『書簡選集』中・二七ページ、全集㉛二七三ページ）。

二番目にあげている特徴は、もっと先の剰余価値論のところで問題になることですから、ここでは論じません。ここでは、自慢したいことの筆頭に、「労働の二重性格」があげられていることに、注目してください。

次の手紙は、翌六八年一月のものです。これは、経済学者のデューリングが、『資本論』の書評を書きながら、いちばん大事なところに気がつかないでいることを批判しながら、『資本論』の「三つの根本的に新しい要素」を説明した手紙です。デューリングとは、のちに社会主義運動に入り込んでマルクス攻撃の先頭に立った例のオイゲン・デューリング氏ですが、この手紙を書いた時には、もちろん、そんなことは予想されていませんでした。

「おかしいのは、彼〔デューリング――不破〕がこの本の三つの根本的に新しい要素を感じ取っていないということだ。それは次の三つだ。（1）以前のすべての経済学が、地代や利潤や利子という固定的な形態をもっている剰余価値の特殊な諸断片を、始めから、与えられたものとして取り扱っているのとは反対に、僕は、まず第一に、すべてこれらのものがまだ分解しないでいわば溶液状態で存在しているところの、剰余価値の一般的な形態を取り扱っているということ。

（2）商品が使用価値と交換価値との二重物だとすれば、商品に表わされる労働も二重の性格をもっていなければならない、という簡単なことを経済学者たちは例外なく見落としていたのだが、他方、スミスやリカードウなどにおけるような説明抜きでただ労働だとするだけの分析は至るところで不可解なものにぶつからざるをえない、ということ。これこそは、じつに、批判的な見解の秘密の全部なのだ。

（3）はじめて労賃が、その背後に隠れている関係の非合理的な現象形態として示され、このことが労賃の二つの形態である時間賃金と出来高賃金とによって精確に示される、ということ。（高等数学ではしばしばこのような公式が見いだされるということは、僕の助けになった。）」（マルクスからエンゲルスへ　一八六八年一月八日『書簡選集』中・三七～三八ページ、全集㉜一〇～一一ページ）。

ここでは、新しい要素が、労賃論をくわえて三つになり、また剰余価値の問題が第一位をしめるなどの変化はいくらかありますが、「労働の二重性格」をもっとも重要な点に位置づけた基本に変化はありません。

これらの手紙でマルクスが強調しているように、スミスもリカードウも、使用価値と価値という商品の二重性まではとらえましたが、その商品を生産する労働が二重のものだということは理解しませんでした。これにたいして、マルクスは、古典派経済学を乗り越えて価値論をそこまで掘り下げました。では、マルクスの独自の発見をなすその掘り下げは、労働価値説の組み立てのうえに、どれだけの意味をもったのか。マルクスが、第二節で特別の節を立てて解明しようとしたのは、この問題でした。

結論から先に言うと、労働価値説をそこまで掘り下げて初めて、商品経済の社会が、人間社会のあり方として、どういう位置をもつ社会かということが、つかめるようになるのです。

社会的分業の高度に発達した社会

商品経済の社会とは、どんな社会でしょうか。そこでは、みんなが、いろいろな物を商品として交換によって手に入れるということは、この社会が、各人が必要とするものを自分でつくるということをしない社会だ、ということです。社会的な分業の体制ができあがっていて、洋服は洋服をつくる人から買う、靴は靴をつくる人から買う、食べるものはその食品をつくる人から買う。それぞれの生産者が、あれこれの使用価値を専門でつくっている社会、しかも高度に発達した社会的分業の社会だ、ということです。

マルクスは、商品経済の社会のこの特質について、次のように書いています。

「さまざまな種類の使用価値または商品体の総体のうちには、同じように多様な、属、種、科、亜種、変種にしたがって異なる有用的労働の総体——社会的分業——が現われている。社会的分業は商品生産の存在条件である」(『資本論』①七八ページ、〔I〕56ページ)。

多様なものを分業でつくる社会とは、資本主義社会あるいは商品経済の社会だけではありません。マルクスは、商品経済ではない分業社会の実例として、古代インドの共同体社会をあげています。では、分業が支配する社会のなかで、商品経済の社会を特質づけるのは何でしょうか。それは、分業でつくられたさまざまな生産物を、各人が交換によって手に入れる、あるいは市場で商品を買うことによって手にいれる、という点です。これが、ほかの分業社会とは区別される商品経済の社会の特質です。

ここから、商品経済の社会のもう一つの重大な特質が出てきます。いろいろな使用価値について、社会がそれを量的にどれだけ必要とするかは、社会全体の状況からおのずから決まってきます。分業が計画的に行なわれている社会なら、その必要量に応じて、それぞれの部門の配置を決めることができますが、商品経済社会での分業では、それができないのです。洋服をつくる生産者は、社会が洋服を必要としていることはもちろん知っていますが、自分がつくる洋服が社会の必要量のなかに入っているかどうかは分かりません。ほかにも同じ商品をつくる生産者はたくさんいますから、全体としての生産が社会の必要量を超えていて、自分の洋服は必要量の外にはみ出ているかもしれない。つまり、自分のつくった商品を、本当に社会が必要としているかどうかは、それを市場に出してみないと分からないのです。このように、分業社会であり、どの生産者もこの社会が必要とする分業の一翼をになって労働をしているが、自分の労働が質的にも量的にも社会の必要にこたえているのかどうかは、市場の動きによって、商品を生産したあとで明らかになる――ここに、商品経済の社会の重大な特質があります。

市場のその動きを示すのが、価格です。商品のもつ価値が、その生産に社会的に必要な労働時間で決まることは、第一節で見ました。しかし、市場では、すべての商品が、いつも価値どおりの価格で売買されるわけではありません。商品の価格は、商品のもつ価値を中心として、需要・供給によって変動します。そして、生産者たちは、価格のこの変動によって、自分の属している業種で、その商品の生産が過剰であるか過少であるかを知るのです。価格の低下によって、その業種の商品が過剰につくられたことが分かったら、一部の生産者は、ほかの業種に転換するでしょう。こうして、市場の動きに応じて、生産分野の転換が起こり、社会的分業が社会の需要に合致するように組み直される――分業社会ではあるが、商品経済の社会では、需要と供給のあいだの調節、あるいは社会的な必要に応じた労働支出の再配分を、こういう形でたえずやっているのです。

マルクスは、この特質を、次のような言葉で表現しています。

「一見してわかるように、今日の資本主義社会では、労働需要の方向が変化するのに応じて、一定部分の人間的労働が、あるときは裁縫労働の形態で、あるときは織布労働の形態で供給される。労働のこの形態変換は、摩擦なしには行なわれないかもしれないが、ともかく行なわれなければならない」（同前八一ページ、〔Ⅰ〕58ページ）。

価値法則についてのクーゲルマンへの手紙

マルクスは、いろいろな生産部門のあいだへの労働支出の配分が、市場の調節作用によって行なわれることを、価値法則の核心をなすものとして、たいへん重視しました。

この問題についての有名な手紙があります。『資本論』を出版した翌年の一八六八年七月、友人のクーゲルマン〔★72〕にあてて書いた手紙で、マルクスは、そのなかで、ドイツの新聞に出たマルクスの価値論への見当違いの批判を論評しながら、価値法則の意義を説明したのでした。この説明が、価値法則を、もっぱら、「社会的労働を……一定の割合に配分する」という自然法則とその作用の面から、この法則の資本主義的な形態として意義づけていることは、特徴的です。マルクスが、第一節で、労働の二重性から引き出した価値法則の意義づけは、まさにこの点にありました。

「この不幸な男には、私の本のなかには『価値』に関する章が一つもないとしても、私が与えている現実の諸関係の分析は現実の価値関係の論証と実証を含んでいるはずだ、ということがわからないのです。……どの国民も、もし一年とは言わず数週間でも労働をやめれば、死んでしまうであろう、ということは子どもでもわかることです。また、いろいろな欲望量に対応する諸生産物の量が社会的総労働のいろいろな量的に規定された量を必要とするということも、やはり子どもでもわかることです。このような、一定の割合での社会的労働の分割の必要は、けっして社会的生産の特定の形態によって廃棄されうるものではなくて、ただその現象様式を変えうるだけだ、ということは自明です。自然法則はけっして廃棄されうるものではありません。歴史的に違ういろいろな状態のもとで変化しうるものは、ただ、かの諸法則が貫かれる形態だけです。そして、社会的労働の関連が個人的労働生産物の私的交換として実現される社会状態のもとでこのような一定の割合での労働の分割が実現される形態、これがまさにこれらの生産物の交換価値なのです。

科学とは、まさに、どのようにして価値法則が貫かれるか、を説明することなのです。……この俗流経済学者は、現実の日常の交換割合と価値量とは直接に同じではありえない、とい

★72　**クーゲルマン**、ルートヴィヒ（一八二八～一九〇二）　ドイツの医師。一八六二年以降、マルクスと文通を続け、国際労働者協会にも参加。一八七四年以後、マルクスとの交友はとだえるが、エンゲルスとの交流は続いた。

うことには思いつきもしなかったのです。ブルジョア社会の核心は、まさに、アプリオリに〔その本性上〕生産の意識的な社会的な規制が行なわれない、ということにあるのです。理性的なものや自然必然的なものは、ただ、盲目的に作用する平均として実現されるだけです」（マルクスからクーゲルマンへ　一八六八年七月一一日『書簡選集』中・五二～五四ページ、全集㉜四五四～四五五ページ）。

マルクスがここで述べていることは、まず、社会の総労働を、いろいろな欲望の量に応じて一定の割合で配分することの必要性は、どんな社会でも、社会が成り立つ根本条件であって、社会の形態がどう変わっても、なくなるものではない、ということです。それは、奴隷制の時代にも、封建制の時代にも、必要な条件だったし、将来の社会主義・共産主義の社会でも、必要な条件であり続けるでしょう。しかし、それが現われる様式や形態は、社会の形態に応じて変化してきます。マルクスが商品論で探究したのは、資本主義社会におけるこの法則の現象形態でした。

では、この法則の資本主義社会での現象形態とは何か。資本主義社会とは、商品経済の社会ですから、「社会的労働の関連」（社会が必要とする欲望に応じた分業、ということ）は、社会が計画的に管理しているわけではなく、個々の私的生産者が労働生産物を交換しあうその行動によってささえられています。社会の欲望にくらべて、その部門の商品の生産が多すぎれば価格が下がり、少なすぎれば価格が上がる、それに応じて、社会的労働の支出がおのずから部門から部門へと移動してゆく、市場経済のこういう作用によって「社会的労働の関連」が調節されるわけで、その調節作用をになうのが価値法則です。そして、価値法則のこういう調節作用は、市場経済では、価値がそのまま価格となっては現われず、価格が需要・供給に応じて運動するという弾力性をもっているからこそ、可能となるのです。

これが、価値法則を、商品経済社会の歴史的あり方としてとらえたマルクスの説明です。なお、クーゲルマンへの手紙の半年ほど前ですが、ほぼ同じ問題についてエンゲルスに書いた手紙があります。デューリングの書評に関連しての指摘ですが、未来の社会主義・共産主義の社会（「共同所有の場合」）との比較が直接論じられているのが、興味を引かれる点です。

「デューリング氏が価値規定にたいして出している控え目な抗議について言えば、彼は第二巻〔第二部・第三部のこと――不破〕では、価値規定がブルジョア社会では『直接には』行なわれない〔★73〕、ということに驚くだろう。じっさい、社会の可処分労働時間がなんらかの仕方で生産を規制するということは、どんな社会形態でも妨げることはできないのだ。だが、こ

★73　**価値規定が……「直接には」行なわれない**　マルクスは、第三部で、ブルジョア社会では、利潤率の平均化の作用によって、価値が生産価格に転化し、価値規定は社会の総生産物にたいしては成立するが、個々の部門では成立しないことを明らかにした。これは、リカードウを頂点にする古典派経済学者たちが最後まで理解できなかった問題だった。

の規制が、社会の労働時間にたいする社会の直接的な意識的な支配――これはただ共同所有の場合にのみ可能だ――によってではなく、諸商品の価格の運動によって実現されるあいだは、相変わらず、君がすでに『独仏年誌』〔★74〕のなかできわめて適切に述べたとおりの有様なのだ」（マルクスからエンゲルスへ　一八六八年一月八日　同前三八ページ、全集㉜一一ページ）。

〔解説〕**『独仏年誌』でのエンゲルス論文とは？**

マルクスがこの手紙で述べている『独仏年誌』でのエンゲルスの論文とは、マルクスがルーゲ（◆）とともに編集・発行した『独仏年誌』（一八四四年二月刊行）にエンゲルスが寄稿した「国民経済学批判大綱」（本冊六三ページの補注★38も参照）のことです。この論文は、社会主義の立場からそれまでの経済学への科学的な批判を行なった最初の労作で、マルクスに衝撃をあたえ、本格的な経済学研究にうちこませる大きな動因ともなったのでした。

マルクスは、のちに、エンゲルスの『空想から科学へ』（フランス語版）への「まえがき」を書いたとき（一八八〇年）、次のように、エンゲルス紹介をこの論文から始めました。

「現代の社会主義のもっともすぐれた代表者の一人であるフリードリヒ・エンゲルスは、一八四四年に彼の労作『国民経済学批判大綱』によって知られるようになった。この労作は、最初に、マルクスとルーゲがパリで発行した『独仏年誌』に掲載されたものである。

この『大綱』のなかですでに科学的社会主義の若干の一般原則が定式化されている」（古典選書六ページ、全集⑲一八一ページ）。

ここで、この論文のなかで定式化されているという「科学的社会主義の若干の一般原則」のなかに、価値法則の問題がありました。エンゲルスがこの論文を書いた時点では、エンゲルスは労働価値説には批判的で、「価値とは、生産費と効用との関係である」とする見方にたっていました。しかし、そういう限界にもかかわらず、エンゲルスは、この論文のなかで、価値規定が社会で果たす役割については、『資本論』でのマルクスの展開を予見したような、未来社会まで見通した言明を行なっていたのです。

エンゲルスは、この「国民経済学批判大綱」で、価値論の根本をなす考え方として、「生産費と効用との関係」を通じて生産を社会的に規制してゆくところに、価値規定の本来の社会的な作用があるという議論を展開しました。

「価値の最初の適用は、ある物を総じて生産すべきかどうか、すなわち、その物の効用は生産費をつぐなうかどうかという問題を解決することである」（全集①五五一ページ）。

エンゲルスは続いて、この同じ角度から「私的所有」（この言葉を、エンゲルスは、「資本主義」とほぼ同じ意味で使っています）が廃棄された未来社会（共産主義社会）での価値概念を論じて、次のように述べたのでした。

「私的所有が廃棄されるやいなや、いま存在しているような交換を論じることはもはやできなくなる。そうなれば、価値概念を実際に適用することは、ますます生産について決定をくだすことにかぎられるようになるであろう。そしてこれこそ価値概念の本来の分野なのである」（同前）。

マルクスは、デューリングの価値規定論に関連して、エンゲルスが一四年前に行なったこの議論をふりかえったのでした。

エンゲルスも、のちに、『反デューリング論』のなかで、『独仏年誌』の論文をふりかえり、そこでの自分の指摘と『資本論』の理論展開との関連について、次のように論じています。

「生産についての決定をおこなうさいに効用と労働支出とを比較秤量（ひょうりょう）することが、経済学の価値概念のうちから共産主義社会に残るすべてであるということは、私がすでに一八四四年に述べたところである（『独仏年誌』、九五ページ〔本冊前ページとこのページのエンゲルスの二つの文章を指す――不破〕）。だが、この命題の科学的な基礎づけは、人も知るように、マルクスの『資本論』によってはじめて可能になったのである」（古典選書『反デューリング論』下・一九五～一九六ページ、全集⑳三一九ページ）。

なお、エンゲルスの論文「国民経済学批判大綱」については、私の『エンゲルスと「資本論」』の研究のなかで、かなり詳しく紹介し、その意義を論じましたので、ご参照ください（「第一編　出発点――一八四〇年代」の「（一）経済学の変革への突破口を開く――「国民経済学批判大綱」〔一八四四年〕」）。

◆**ルーゲ**、アーノルト（一八〇二〜八〇）　ドイツの急進的政論家、青年ヘーゲル派。一八四四年、マルクスとともに、パリで雑誌『独仏年誌』を発行。一八四八年のフランクフルト国民議会では左派の議員。五〇年代には、イギリス在住の小ブルジョア的亡命者の指導者の一人となる。

★74　**『独仏年誌』**　マルクスとアーノルト・ルーゲの編集で、一八四四年二月末、パリで発行されたドイツ語雑誌。フランス人の筆者の参加も計画に織り込んで「独仏」の名を冠したが、フランス人筆者の参加は実現せず、第一および第二分冊の合併号の一冊のみの刊行で終わった。マルクスは、この雑誌に「ユダヤ人問題によせて」、「ヘーゲル法哲学批判　序説」を発表した（いずれも、全集①）。

いくつかの補足的な論点

以上が、第二節の主要な内容ですが、ここで、この節のなかのいくつかの論点を補足しておきます。

市場経済の調節作用。 市場経済の調節作用は、「社会的労働の関連」をささえる需要・供給の調節にとどまるものではありません。マルクスは、この節で、別の分野での市場経済の調節作用をも指摘しています。

どんな部門にたずさわるにせよ、商品を生産するかぎり、労働は、「人間の脳髄、筋肉、神経、手などの生産的支出」（『資本論』①八一ページ、〔I〕58ページ）として、「人間的労働一般」の支出という共通の性質をもっており、その資格で価値を生むのです。しかし、労働のなかには、普通の人間なら誰でもできる「単純労働」もあれば、特定の技能や熟練を要する「複雑労働」もあり、複雑労働は、量的には、「何乗かされた、あるいはむしろ何倍かされた単純労働」として、同じ時間内にそれだけ大きな価値を生み出します。しかし、ある複雑労働が、単純労働の何倍に当たるかは、誰かが計算してはじき出すわけではありません。それは、市場経済の調節作用によって、おのずから確定されてくるのです。

「それ〔単純労働――不破〕は、平均して普通の人間ならだれでも、特殊な発達なしに、その肉体のうちにもっている単純な労働力の支出である。確かに、単純な平均労働そのものは、国や文化史上の時代が異なれば、その性格を変えるが、現に存在するある一つの社会では、与えられたものである。より複雑な労働は、何乗かされた、あるいはむしろ何倍かされた単純労働としてのみ通用し、その結果、より小さい分量の複雑労働がより大きい分量の単純労働に等しいのである。この還元が絶えず行なわれていることは、経験が示している。ある商品はもっとも複雑な労働の生産物であるかもしれないが、その価値は、その商品を単純労働の生産物に等置するのであり、したがって、それ自身、一定分量の単純労働を表わすにすぎない。さまざまな種類の労働がその度量単位である単純労働に還元されるさまざまな比率は、一つの社会的過程によって生産者たちの背後で確定され、したがって生産者たちにとっては慣習によって与えられるかのように見える」（同前八二ページ、〔Ｉ〕５９ページ）。

ここで、マルクスが「生産者たちの背後」にある「一つの社会的過程」と呼んでいるものが、市場経済の調節作用です。

人間労働を論じる。この節に書かれているマルクスの人間労働論も、注目に値します。人間労働についての本格的な議論は、第一部第三篇の労働過程論で展開されることですが、ここで述べられていることは、それへの序論的なスケッチとして読むことができます。

まず、労働が人間の「存在条件」だという位置づけです。「物質代謝」〔★75〕などの解説はあとに譲ることにし（本書②〈本書の冊名表記は、「②」のように、以下でも丸付数字とする〉の「講義第4回」での「マルクスの労働讃歌」の項参照）、ここでは、ともかくその位置づけを読みとってください。

「労働は、使用価値の形成者としては、有用的労働としては、あらゆる社会形態から独立した、人間の一存在条件であり、人間と自然との物質代謝を、したがって人間的生活を媒介する永遠の自然必然性である」（同前七九ページ、〔Ⅰ〕57ページ）。

次に、労働の平等性についての指摘です。

「商品の価値は、人間的労働自体を、人間的労働力一般の支出を表わしている。ところで、ブルジョア社会では、将軍とか銀行家とかは大きな役割を演じ、これにたいして人間自体はごくみすぼらしい役割を演じているが、この場合の人間的労働もそのとおりである」（同前八二ページ、〔Ⅰ〕59ページ）。

この文章のすぐあとに、先ほど引用した単純労働と複雑労働の議論が出てくることを、注意してください。つまり、ここで言われているのは、ブルジョア社会では「将軍や銀行家」は「人間」一般のうえに立つものとされているが、それは肩書だけのことで、どれも同じ人間の活動で、人間労働一般の支出にすぎず、せいぜいそこにあるのは、単純労働と複雑労働の関係のような、量的な違いにすぎない、ということでしょう。

価値法則の根底には、こういう人間活動の平等観、労働の平等観があります。そのことを、マルクスは、将軍や銀行家という、当時のイギリスやドイツの社会でいわば上流階級とされていた人間たちを材料にして、強調しているわけです。こういう論法は、これからもしばしば出てきますが、それが早くも商品論のところに出てくる点に注目してください。

生産力と使用価値。先ほど、マルクスが「使用価値」という規定を自分の経済学の上で重視している、という話をしましたが（本冊一四三〜一四四ページ）、この節の最後に、面白い分析が出ています。

マルクスは、そこで、生産力の発達と価値の変動との関連を論じて、生産力の発達は、同じ時間内に生産される使用価値の総量を増大させるが、価値の生産量には影響を与えないことを指摘し、生産力は、「労働の具体的有用的形態に属する」、つまり、基本的に使用価値の領域に属する概念だと規定していることです。

「生産力の変動は、それ自体としては、価値に表わされる労働にはまったく影響しない。生

★75　**物質代謝**　生物学上の言葉で、生命体が外界から栄養物質をとりこみ、体のなかで変化させて、自分の構成物質をつくったり、エネルギー源としたうえで、不要な部分を体外に排出する作用を指す。マルクスは、人間が労働によって、自然からいろいろな物質をとりこみ、それを加工して自分の生活手段に変えることを、生命体の活動にたとえて、「人間と自然との物質代謝」と呼んだ。

産力は、労働の具体的有用的形態に属するから、労働の具体的有用的形態が捨象されると、生産力は、当然、もはや労働に影響を与えることはできない。だから、生産力がどんなに変動しても、同じ労働は同じ時間内に、つねに同じ価値の大きさを生み出す。ところが、同じ労働は同じ時間内に、異なった分量の使用価値を……提供する」（同前八五ページ、〔I〕60～61ページ）。

生産力が使用価値の領域に属する概念だということの点一つを見ても、「使用価値」を経済学から遠ざけたなどのマルクス批判が、どんなにこっけいなものだったかは、一目瞭然でしょう。

第三節　価値形態または交換価値

価値形態論の主題は何か？

「第三節　価値形態または交換価値」に進みます。多くの人が、商品論のいちばんわかりにくいところとして、この節をあげますが、ここを読むためには、マルクスが、ここの議論で何をねらいとしているのかをつかむことが、とりわけ大事です。

価値形態論の要（かなめ）は、貨幣という存在の必然性を、商品世界の仕組みから明らかにしてゆくところにあります。これは、スミスやリカードウをはじめ、これまでの経済学が解くことのできなかった秘密でした。

スミスやリカードウも、もちろん、貨幣について論じました。しかし、この人たちにとっては、貨幣は商品世界で別格の存在で、そもそもの最初から、交換価値の代表者という性質をもつものとされており、商品交換の仕組みそのものから貨幣の必然性を説明した経済学者は、マルクス以前にはいなかったのです。

実際、現実の商品経済、市場経済を見ると、貨幣は別格の存在に見えます。貨幣さえその価格の量だけもっていれば、どんな商品でも手に入れられます。これは、貨幣がいわば交換価値そのものだからであって、貨幣以外の商品だったら、そうはゆきません。また、ダイヤモンドのような高価な商品であっても、他人に預けておくだけで、利子がついて価値が増えるということにはなりません。しかし、貨幣は、他人（銀行）に預けておくだけで、利子を生み出します。貨幣はまさに商品世界では別格の商品で、その現物の姿（使用価値）そのものが交換価値あるいは価値の代表者となるという特別の性質をそなえています。そのために、神秘的とも言える貨幣のこういう力は、貨幣の素材である金や銀が特別の性質をもつ物質だからだという議論までが、生まれたほどでした。

この種の議論の間違いをみごとに明らかにしたのが、マルクスが第三節で展開した価値形態論です。マルクスは、そのなかで、貨幣の役割は、金や銀という物質の特別の性質から生まれるものではなく、その基礎は、ごく普通の、いちばん単純な商品交換のなかに存在しており、貨幣の機能は、単純な商品交換の仕組みが発展したものにすぎないこと、言い換えれば、貨幣の「全秘密」が単純な商品交換のなかに潜んでいることを、論理の力をもって全面的に証明したのです。

簡単な価値形態（A）のなかに貨幣形態（D）の萌芽が潜んでいる

マルクスは、その解明のために、商品の交換関係の発展を、A「簡単な、個別的な、または偶然的な価値形態」、B「全体的な、または展開された価値形態」、C「一般的価値形態」、D「貨幣形態」と、順を追って追跡します。ここを読むさい、AからBへ、BからCへといった発展は、商品交換の歴史を追ったものではなく、論理の発展だということを、よく注意してください。

商品交換の歴史的な発展は、「第二章　交換過程」の主題です。これにたいして、価値形態論でマルクスが追うのは論理の発展です。つまり、もっとも簡単な交換関係（A）のなかに含まれている貨幣の萌芽形態が、一連の中間項（BとC）を経て、どういう論理で貨幣形態（D）として実を結ぶようになるのか、その論理的な関係を追跡するのが、第三節（価値形態論）の主題なのです（ここを混同すると、第一章第三節と第二章で、なぜ同じ問題をくりかえして論じるのか、といった疑問に落ちこみます）。

（A）まず最初は、「簡単な、個別的な、また偶然的な価値形態」です。長い呼び名ですから、簡単な価値形態と略称しますが、これは、一口で言えば、物物交換に現われる価値形態です。たとえば、リンネル〔★76〕二〇エレ（「エレ」とは長さの単位のこと）と上着一着が交換されるとします。マルクスは、リンネルと上着が好きで（笑い）、これからあとも、生産業者というと、リンネル製造業者がすぐ出てきたりします。また、マルクスの時代のものには、物の量や長さを計る単位に耳慣れないものが多いので、それで面食らう人もいますから、『資本論』を読むための「単位表」（笑い）をつくっておきました（この回の講義の最後、本冊二三〇ページに掲載）。

この物物交換が行なわれるとすると、そこでは、価値から見て、リンネル二〇エレ＝上着一着という等式が成り立っているはずです。これは、もっとも簡単な価値関係ですが、この等式をリンネルの側から考えると、リンネルの価値を上着の価値で計っている、ということになります。つまり、ここでは、上着が、リンネルの価値を計るモノサシの役目をしているわけです。リンネル二〇エレなら上着一着分、一〇〇エレなら上着五着分、こういう調子で、上着が相手の価値を

★76　**リンネル**　古代以来、世界でひろく使用された代表的な繊維製品のこと。一九世紀後半にその地位を綿製品に奪われた。

計るモノサシとなっています。

だいたい、この等式は、どちらの商品も同じ価値をもっている、つまり、同じ量の人間的労働を体現しているから成り立つのですが、この価値とか人間労働の量などは、表には出てこないもので、市場での実際の交換では、相手の商品との関係のうちに価値が現われ、相手側の商品がおのずから価値を計るモノサシの役目をする、こういう関係です。

マルクスは、ここで、その価値が計られる側の商品を「相対的価値形態にある」と定義し、価値を計るモノサシ役の商品を「等価形態にある」ものと定義しました（『資本論』①八九ページ、〔I〕63ページ）。

そして、この双方の形態の特質を、たいへん綿密に分析するのです。マルクスがその弁証法の論理をこれでもかこれでもかという調子で展開する、たいへん長い分析ですが、このなかでいちばんの核心をなす点は、簡単な価値形態では、等価形態にあって、モノサシ役をつとめる商品は、上着一着とか五着とか、その商品の現物形態そのものによって価値の量を表現している、という点です。ここでは、「使用価値がその反対物である価値の現象形態になる」（同前一〇三ページ、〔I〕70ページ）のです。さらに、商品をつくる労働の性格にまで掘りさげてみると、これは、上着をつくるという「具体的労働」が、「その反対物の、抽象的人間的労働の現象形態になる」（同前一〇七ページ、〔I〕73ページ）ことにほかなりません。

ここで、先ほどの（本冊一七三～一七四ページ）、貨幣の神秘性という問題を思いだしてください。俗流の議論では、貨幣が価値を体現しているのは、金や銀という別格の物質の固有の性質、金、銀だけがもつ神秘的な能力であるかのように扱われていました。ところが、いま見てきたことは、ある商品が現物のままで価値を体現する形態になるという事態は、もっとも簡単な価値関係――物物交換の段階ですでに現われてくる、ということです。ここにあるのは、まさに貨幣の萌芽形態、未発展の形態です。

マルクスは、このことを「等価形態の謎的性格」と呼び、ブルジョア経済学者たちは、この謎的性格が完成して「貨幣」となって現われる時、初めてその「粗雑な目を見はらせる」が、二〇エレのリンネル＝一着の上着　というもっとも簡単な価値表現がすでにその謎を解くカギを与えていることには「感づきもしない」と皮肉っています（同前一〇五ページ、〔Ⅰ〕72ページ）。

簡単な価値形態の理屈が分かると、あとの展開は、割合、楽に理解できるはずです。マルクスは、簡単な価値形態から出発し、二つの中間項を経て、貨幣形態にまで分析を進めるのですが、前に述べたように（本冊一七四〜一七五ページ）、ここでの一つの形態から次の形態への移行は、論理の移行であって、歴史のなかでの発展を示すものではないことを注意しながら読んでください。

（B）第二の形態は、「全体的な、または展開された価値形態」です。商品世界では、ある商品――先の例で言えばリンネル――が交換関係をもつのは、一つの特定の商品（上着）だけではありません。それは多種多様な商品と交換関係をもちますから、これを価値関係の等式で表現すると、簡単な価値形態の等式を無数に並列した形になります。マルクスの表現をちょっと書き換えると、次のようになります。

二〇エレのリンネル＝一着の上着
　または＝一〇重量ポンド〔★77〕の茶
　または＝四〇重量ポンドのコーヒー
　または＝一クォーターの小麦
　または＝二オンスの金
　または＝二分の一トンの鉄
　または＝x量の商品
　または＝等々の商品

これは、ある商品（ここではリンネル）が、商品世界のすべての商品を自分の等価形態（価値のモノサシ）にする、ということです。モノサシになるとは言っても、どの商品も、多くのモノサシのなかの一つ（特殊的等価形態）でしかありません。

（C）第三の形態は、「一般的価値形態」です。先の「全体的な、あるいは展開された価値形態」は、ある商品（リンネル）が商品世界のすべての商品に対する関係を、この商品の側から表わしたものでした。このことは、逆の面から見ると、すべての商品が、この商品（リンネル）を自分の価値のモノサシ（一般的等価形態）としている、ということにほかなりません。この立場で、先の等式をひっくりかえすと、第三の等式がえられます。

一着の上着 ＝
一〇重量ポンドの茶 ＝
四〇重量ポンドのコーヒー ＝
一クォーターの小麦 ＝
二オンスの金 ＝
二分の一トンの鉄 ＝
x量の商品 ＝
等々の商品 ＝ 二〇エレのリンネル

この等式では、商品世界のすべての商品が、共通の一つの等価形態をもち、同じモノサシ（リンネル）で計られることになります。ただ、この等式は、いわば発想の転換によって、リンネルと他の商品との関係を今度は反対の方向から見ようという形で生みだされたものであって、商品

★77　**ポンド**　新版『資本論』では、貨幣単位のポンド（正式にはポンド・スターリング）を「ポンド」、重量単位のポンドを「重量ポンド」と訳出している。本書もこれにならうことにした。

世界における商品相互の関係に客観的な変化が起きたことを意味するものではありません。ですから、この段階では、特定の商品（リンネル）に、商品世界のモノサシとなる特別の役割が与えられているわけではありません。商品世界で多様なつきあいをしている限り、どの商品も、価値の共通のモノサシ（一般的等価形態）となる平等の権利と資格をもっているのです。「どの商品もこの形態をとることができる」（同前一二五ページ、〔Ｉ〕８３ページ）のです。

しかし、価値関係をここまで追跡してくると、そのもっとも発展した形態である貨幣関係に到達するのは、あと一歩というところまでせまりました。

（Ｄ）一般的価値形態で、われわれは、一つの商品が、すべての商品の共通の価値のモノサシとなるという関係を見てきました。しかし、そこではまだ、共通のモノサシというこの役目は、ある特定の商品だけがもつ特権的な役目ではなく、どの商品もその立場に立ちうるものとして現われていました。しかし、商品世界の内部で、この役目が特定の商品＝金に「癒着」することになり、それが金の独占的な機能になってくると、状況はまったく変わってきます。等式は、一般的価値形態で見た等式とまったく変わりませんが、いよいよ「貨幣形態」が登場することになります。

「その自然形態に等価形態が社会的に癒着する独自な商品種類は、貨幣商品となる。または、貨幣として機能する。商品世界の内部で一般的等価物の役割を演じることが、その商品種類の独自な社会的機能となり、したがって、その社会的独占となる。……この特権的地位を歴史的にかちとったのは、特定の商品、すなわち、金である」〔同前一二六ページ、〔Ⅰ〕83〜84ページ〕。
こうして、マルクスの価値形態の追跡は、論理の筋道を追って、貨幣形態にまで到達し、貨幣の謎的性格をみごとに解決したのです。

価値形態論の意義を説いたマルクスの手紙

ここで、いま見てきた第三節・価値形態論の理解の助けになるマルクスの手紙を紹介しておきます。これは、第一版の「価値形態論」を書き上げた時、エンゲルスに書いた手紙の一節です〔一八六七年六月二二日付〕。

マルクスは、手紙のなかで、価値形態論がもつ経済学上の意義について、次のような解説を行なっています。

「この問題はこの本〔『資本論』――不破〕全体にとってあまりにも決定的だ。経済学者諸氏はこれまで次のようなきわめて簡単なことを見落としてきた。すなわち、二〇エレのリンネル＝一枚の上着、という形態は、ただ、二〇エレのリンネル＝二ポンド・スターリングという形態の未発展の基礎でしかないということ、したがって、商品の価値をまだ他のすべての商品にたいする関係としては表わしていないでただその商品自身の現物形態とは違うものとして表わしているだけの、最も簡単な商品形態が、貨幣形態の全秘密を含んでおり、したがってまた、労働生産物のいっさいのブルジョア的な形態の全秘密を縮約して含んでいる、ということがそれだ。僕は最初の叙述（ドゥンカー〔★78〕）〔『経済学批判』のこと――不破〕では、価値表現の本来の分析をそれが発展して貨幣表現として現われてからはじめて与えるということによって、展開の困難を避けたのだ」（全集㉛二五六～二五七ページ）。

手紙の内容について、とりたてての解説は行ないませんが、「最も簡単な商品形態が、貨幣形態の全秘密を含んで」いる、というマルクスの指摘は、価値形態論の中心点を表現したものです。マルクスが、この価値形態論を「この本〔『資本論』〕全体にとってあまりにも決定的だ」と述べていることも、たいへん大事なことです。

マルクスのアリストテレス論

補論的な議論になりますが、価値形態論のなかには、たいへん興味深い歴史論があります。それは、マルクスが、この問題に関連して展開しているアリストテレス〔★79〕論です（『資本論』①一〇七～一〇九ページ、〔Ⅰ〕73～74ページ）。

アリストテレスは、古代ギリシアの有名な哲学者ですが、『ニコマコス倫理学』という著書のなかで、早くも商品の研究を行ない、価値形態論まで展開して、「商品の貨幣形態は、簡単な価値形態の……いっそう発展した姿態にすぎない」（マルクスの要約、同前一〇七ページ、〔Ⅰ〕73

ページ）ということを明らかにしたのです。アリストテレスは、「五台の寝台＝一軒の家」ということは、「五台の寝台＝これこれの額の貨幣」というのと「区別されない」ということまで言っている、とのことです（同前一〇八ページ、〔Ⅰ〕同前）。その限りでは、マルクスの価値形態論の先駆者と言ってもよいでしょう。商品交換や貨幣経済が始まると、二千数百年前の古代の哲学者のなかに、物事の本質をそこまで見抜く人物が現われたのです。

商品交換の問題をそこまで深く分析したそのアリストテレスですが、分析はそこで止まってしまって、価値そのものの究明にまでは進めせんでした。どうしてそうなったのか。この問題についてのマルクスの解明が面白いのです。

★78　**ドゥンカー**、フランツ・グスタフ（一八二二〜八八）　ドイツのブルジョア政治家で出版業者。マルクスの著作『経済学批判』の出版者だったので、ここでは『経済学批判』の代名詞として使っている。

★79　**アリストテレス**（紀元前三八四〜前三二二）　古代ギリシアの哲学者。プラトン（＊）の弟子。経済学についても、多くの考察を行なった。著書に『形而上学』、『ニコマコス倫理学』など。

＊　**プラトン**（前四二七頃〜前三九九）　古代ギリシアの観念論哲学者。

価値形態の等式を理解したアリストテレスが、この等式の根底にある「共通の実体」、価値の概念にまで進みえなかったのは、ギリシア社会が奴隷社会で、労働というものは奴隷のやる仕事とされ、人間の不平等を公然の基礎とした社会だったからだ——これが、この問題についてのマルクスの回答でした。人間が価値の秘密を解明することは、人間労働の平等性——どんな仕事をしていようと、人間の労働は平等の値打ちをもつという労働観が社会の共通の認識になった時、初めて可能になる、マルクスはこう言って、次の文章でアリストテレス論をしめくくっていますが、歴史の見方としても、味わい深い文章だと思います。

「アリストテレスの天才は、まさに、彼が諸商品の価値表現のうちに一つの同等性関係を発見している点において、輝いている。ただ彼は、彼が生きていた社会の歴史的制約にさまたげられて、この同等性関係が、いったい『ほんとうは』なんであるかを、見つけだすことができなかったのである」（同前一〇九ページ、〔I〕74ページ）。

〔解説〕**マルクスも「価値形態論」では苦労した**

価値形態論は、マルクス自身が、『資本論』のこの分析に仕上げるまでに、たいへん苦労をした部分でした。

マルクスが、価値形態論を最初に展開したのは、一八五九年の『経済学批判』のなかでした。しかし、『資本論』第一部を書いた時には、『経済学批判』では、理論的に難しいところを「避けて」いたことに気づき、その反省にたって、内容をすっかり書きなおしたのです。

ところが、印刷所にその原稿を入れた段階で、その部分の校正刷りを友人のクーゲルマンとエンゲルスに見せると、クーゲルマンからは、〝このままでは、大多数の読者には理解されない。もっと「教師風の説明」を補足すべきだ〟と忠告され、エンゲルスからは、〝ここは、全体のなかでも、抽象的な理論展開のいちばん多いところなのに、その思考の筋道を「細かい区分や別々の小見出し」をつけてわかりやすくしなかったのは大きな失策だ〟という忠告が寄せられました。マルクスは、二人の忠告をうけいれたのですが、原稿はすでに印刷中でしたから、本文を書き直すことはできません。そこで、マルクスは、価値形態論をもっと詳しく「学校教師風に」、しかも多くの見出しで区分しながら展開した「付録」を書くことにし、その「付録」を、第一部の最後につけたのです（「第一章の（一）（「商品」の節――不破）への付録。価値形態」）。それは、本文よりも小さい活字で二一ページにもわたる長文の再論で、私たちがいま読んでいる第三節の原型になったものですが、エンゲルスの忠告にこたえて、区分や大小の見出しの数は現行よりもはるかに多くつけられました。

こうして、第一版での価値形態論は、本文と「付録」での「二重の叙述」という異例の形となったのです。

マルクスは、一八七三年の第二版では、価値形態論を本文での説明に一本化するために、

第二節は全体を書き換えました。「第一章第三節（価値形態）は、すでに初版の二重の叙述から見て必要とされたことであるが、まったく書き換えられている」（マルクス、「あと書き〔第二版への〕」①一七ページ、〔I〕18ページ）。

このように、現行の価値形態論を生み出すまでに、第一版本文の執筆、「付録」の追加、そして第二版での全面書き換えと一八五九年の『経済学批判』から数えれば、三回にもわたる仕上げと書き換えの苦労をしてきたのです。マルクスのそれだけの苦労にくらべれば、読む方の苦労はまだ軽いかもしれません。

第四節　商品の物神的性格とその秘密

商品経済の「物神崇拝」とは何か？

次に、「第四節　商品の物神的性格とその秘密」に入ります。題からして分かりにくい節ですが、「物神的性格」というのは、これからも『資本論』の節目節目に何度となく出てくるマルクスの資本主義批判全体にかかわる基本概念の一つなのです。

どういうことかと言いますと、われわれは、商品経済の根底にあるのは、人間同士の関係だということを、これまでずっと分析・解明してきました。この社会は、高度に発達した社会的分業の社会で、それぞれの生産者が特殊な使用価値をもった商品をつくっている、しかし、その生産は、自立した生産者が独立の私的労働として行なっているもので、それが商品交換を通じて需要・供給を調節しているという社会です。根底には、私的生産者同士のこういう関係があるわけです。

この、商品経済の社会では、根底にある人間同士の関係が、経済の表面では、人間の関係として現われてこず、すべて商品と商品の関係、つまり物の関係として現われます。マルクスの言葉によると、商品経済は、人間の労働の社会的な性格を、労働生産物という物の性質として反映させ、総労働にたいする生産者たちの社会的関係（社会的分業のなかでの彼の地位）も、彼らの外部にある諸対象の社会的関係（市場における商品と商品の関係）として反映させるのです。マルクスは、これを商品経済独特の「入れ替わり」と呼び、ここに商品形態の神秘性の根本がある、としました（『資本論』①一三〇ページ、〔Ｉ〕８６ページ）。

こうして、商品世界では、もともと人間の労働の生産物である商品や貨幣が、逆に人間を支配する力として現われる――マルクスは、この関係を、人間の頭脳の産物である「神」や「仏」が人間を支配する力として現われる宗教的世界と対比して、「物神崇拝」、「物神的性格」と呼んだのでした（同前一三一ページ、〔Ⅰ〕87ページ）。

人間の産物である商品や貨幣が人間を支配する力となる——こういう状況は、商品経済が盛んになると、どこでも生まれます。江戸時代の作家・井原西鶴（さいかく）〔★80〕は、「金銀こそ両親を別にしては命の親と呼ぶべきもの」とか、「金銀にまさる宝がほかにあろうか」と述べて、「普通の町人は金銀をたくさん持っていることによって、世間にその名を知られる」から、「若い時から稼いで、分限者（ぶげんしゃ）〔金持ちのこと——不破〕としてその名を残」せというのです（『新版　日本永代蔵（えいたいぐら）〈現代語訳付き〉』二〇〇九年、角川ソフィア文庫、一〇、一一、一三六ページ）。その見方から、金（かね）が社会を支配する状況とそこから起こる悲喜劇を描きだしました。西鶴がそこで描いたのは、あの時代なりの物神崇拝の実態でした。

経済の法則というものも、もともとは人間同士の社会的関係とその動きを支配している法則であるはずですが、商品経済の社会では、それが人間から独立した外的な強制法則として現われます。そのために、不況や恐慌なども、自然災害と同じように扱われたりします。マルクスがここで、商品社会での経済法則について、「だれかの頭の上に家が崩れ落ちるときの重力の法則のように——規制的な自然法則として強力的に自己を貫徹する」（『資本論』①一三五ページ、〔Ⅰ〕89ページ）と特徴づけているのは、たいへん印象的です。

人間の関係が物の関係として現われるという商品世界の秘密に取り組み、科学的な分析力——

「科学の目」をもって、みせかけの世界の奥底に一歩一歩踏みいってきたのが、科学的な経済学の歴史でした。そして、マルクスは、ついにこの秘密を全面的に解いて、商品経済の根底にある人間の社会的な関係を浮き彫りにしました。しかし、科学の目でこの秘密を解いても、それだけで、商品経済の社会を支配する物神崇拝がなくなるわけではないのです。マルクスが少し先のところで述べているように、長期にわたる商品経済の体制のもとで、物神崇拝的な観念をともなう商品経済の諸形態は、人びとにとって、不変のもの、社会的生活の本来の自然のあり方と考えられるようになっています（同前一三五～一三六ページ、〔Ｉ〕８９～９０ページ）。

人びとの意識のなかでそれが乗り越えられるためには、物神崇拝の観念を生み出す現実そのものの変革が必要になるのですが、それはあとで論じられる問題です。

商品経済の社会を人類社会の歴史のなかで見ると……

マルクスは、そこに進む前に、商品経済の社会を社会生活の自然のあり方と見る固定観念を打

★80　**井原西鶴**（一六四二～九三）　江戸前期の作家、俳諧師。作品に『好色一代男』（一六八二年）『好色一代女』（八六年）『日本永代蔵』（八八年）などがある。

ち破る特効薬として、人類社会の歴史のなかに現われる社会のいろいろな姿と見くらべてみることを読者にすすめます。ここが、歴史と経済のからむたいへん面白い部分となっています。

「商品生産の基礎上で労働生産物を霧に包む商品世界のいっさいの神秘化、いっさいの魔法妖術(ようじゅつ)は、われわれが別の生産諸形態のところに逃げ込むやいなや、ただちに消えうせる」(『資本論』①一三六〜一三七ページ、〔Ⅰ〕90ページ)。

(一) まずロビンソン〔★81〕物語です。この物語がなぜ出てくるかというと、当時の経済学の本などにも、経済現象のわかりやすい例解の一つとして、よく出てきたからです。ロビンソンは無人島に漂着(ひょうちゃく)して、何もないところから生活を出発させたわけです。そうなると、いやおうなしに、生活のためにどれだけの物資が必要か、それらをつくるためにどれだけの労働が必要か、その労働時間を自分で計算し、朝から晩までの時間を自分でうまく配分してゆかなければなりません。労働時間の生産各部門へのこの配分が、価値法則の重要な側面をなすことは、すでに見ました。ロビンソンは、社会的必要に応じた労働の配分という仕事――マルクスの言葉によれば「価値のすべての本質的規定」(同前一三八ページ、〔Ⅰ〕91ページ)を含む仕事を、商品交換がまったくないところで、一人でやってのけます。労働とその生産物の関係は、ここでは簡単明瞭であって、物神崇拝や物事の神秘化などが生まれる余地はまったくありません。

(二) 次にマルクスは、「ロビンソンの明るい島から暗いヨーロッパの中世に」と目を移します(同前一三八ページ、〔Ⅰ〕91ページ)。ここでは、人間は関係しあって社会を構成していますが、この関係は、商品経済の社会のように、商品交換を通じての関係ではありません。「人格的依存関係」、つまり身分関係です。農奴が領主に従属し、臣下は君主に従属する。俗人がお坊さん（聖職者）に従属する。みな人格的な従属関係、身分関係です。そこでは、この従属関係のもとで、生産者は、領主の土地でただ働きをしたり（夫役）年貢を納めたり（貢納）しますが、そのさい、これは、自分の労働の一部を領主に差し出すのだということは、誰でも知っている明々白々な事実で、それらが物と物との関係に「変装」して現われるということはないのです。

（三）マルクスは、さらに視野を広げて、今度は、共同的な経済の形態を問題にします。人類社会の歴史は、人格的従属関係ではない、共同的な社会形態をいろいろと経験してきました。マルクスはまず、「すべての文化民族の歴史の入口で出会う労働の自然発生的形態」（同前一三九ページ、〔Ⅰ〕９２ページ）にふれますが、これは、原始共同体の社会（原始共産主義）のことです。『共産党宣言』（一八四八年）を書いたころには、マルクスは、その歴史をまだ知らなかったのですが、一八五〇年代の研究で、どの民族でも、社会の歴史の最初の段階は原始共同体の時代であったことを確認し、『経済学批判』のなかで、その結論を明記したのでした。『経済学批判』の

★81　**ロビンソン**　イギリスの小説家ダニエル・デフォー（一六六〇頃〜一七三一）が書いた小説『ロビンソン・クルーソー』（一七一九年）の主人公。漂着した孤島で生活する。

「序言」で「アジア的生産様式」と呼んでいるのは、原始共同体の生産様式のことです（この点は、あとでもっと詳しい解説を行なうつもりです。本冊二一八〜二二三ページ）。

ただ、マルクスはここでは原始共同体論を展開するつもりはなく、いまの指摘をしたあとすぐ、そこまでさかのぼらないでも、中世のヨーロッパの家父長的な農民家族を見れば、共同的な経済の実例が分かるといって、話を農民家族の生活に移します。

中世ヨーロッパの農民は、独立自営の農民でなく、領主の支配下にあった場合でも、自分の家族が消費する生活物資については、家族全体の労働で自給自足するのが、普通でした。穀物、家畜の飼養（しよう）、糸や織物など、一家が必要とするものを考え、家族一人ひとりの事情、条件に応じて、労働を配分する、家長のおやじさんが中心になって、こういう分業をやっています。分業する家族の相互の関係は、商品交換によるつながりではなく、一人ひとりの労働力が、最初から、「家族の共同的労働力の器官」として働くように、組み立てられています（同前一三九〜一四〇ページ、［I］同前）。

未来社会――共産主義の社会の初登場

（四）マルクスは、最後に、「目先を変えるために」と言いながら、未来社会――共産主義社会を取り上げます。ここは、『資本論』で、共産主義社会が最初に出てくるところです。前回の講義で、『資本論』は、古典派経済学と違って、いろいろな社会と比較しながら資本主義社会の特質をつかむ、そのなかには、共産主義社会との比較論もあると話しましたが（本冊一〇四～一〇七ページ）、その比較論が早速ここから始まります。

マルクスがここで共産主義社会をどのように描きだしているかを、まず見てください。

「共同的生産手段で労働し自分たちの多くの個人的労働力を自覚的に一つの社会的労働力として支出する自由な人々の連合体」（『資本論』①一四〇ページ、〔Ⅰ〕９２ページ）。

これが、この社会の基本的な特徴づけです。

「共同的生産手段で労働」する――まずこれが特徴です。生産手段を、個々の生産者や個々の会社が、「これは私のものだ」「わが社のものだ」と言って、ばらばらに持っているのではない。社会全体が生産手段をもち、それをみんなで共同して使っている、こういう関係の社会だ、ということです。

次に、「多くの個人的労働力を自覚的に一つの社会的労働力として支出する」――一人ひとりの労働力は、社会的分業の一翼を当然になうのだが、その分業が自覚的に行なわれている、それぞれ、自分の労働は、社会の必要に応じての自分の持ち分を分担しているのだということを自覚して働いている、ということです。

最後に、「自由な人々の連合体」――これが大事です。共同で働く人びとの連合は、つまり、連合した生産者たちが主人公の社会だということです。しかも、そこに「自由な」という規定がとくにくわえられているところに、重要な点があります。『資本論』のもっとあとのところに、共産主義社会を「各個人の完全で自由な発展を基本原理とするより高度な社会形態」（『資本論』④一〇三〇ページ、〔I〕618ページ）と特徴づけている箇所がありますが、マルクスにとって、人間がいかなる外的な権力にも従属させられない自由な存在になるということは、人類の未来をになう共産主義社会の決定的な特質をなすものだったのです。

このことは、崩壊した旧ソ連社会が何であったかを考える場合にも、いちばん重要な点です。ソ連では、生産手段を国家がもっていたから社会主義だった、という議論が、いまでもまだ一部にありますが、生産手段を誰がもっていようが、その社会で生産にあたっている生産者たちが連合して社会の主人公となり、外的な権力に従属しない自由な存在であること、これが、社会主義・共産主義の社会のなによりの特質なのです。国民がスターリン〔★82〕体制に従属して自由を奪われたり制限されたりしている社会には、「社会主義」などと名乗る資格はありません。だから、われわれは、ソ連社会のこういう実態を究明して、ソ連社会は、社会主義でもそれへの過渡期の社会でもなかった、という結論を出した〔★83〕わけですが、これが、『資本論』に展開されているマルクスの未来社会論の立場と合致していることは、いまの文章からも分かるでしょう。

先の文章に続いて、マルクスは「ここでは、ロビンソンの労働のすべての規定が再現されるが、ただし、個人的にではなく社会的に、である」（『資本論』①一四〇ページ、〔I〕92ページ）

と述べ、この社会での生産と分配の関係に話を進めます。

ロビンソンの場合には、何をやるのもすべて自分の労働で、それを消費するのも自分ですから、生産物の分配という問題は起こりませんが、この「自由な人々の連合体」では、生産は社会全体のための生産ですから、生産物の社会的な分配という問題が起きてきます。生産物の一部分は、生産の継続・拡大のための生産手段として、また共同で使われます。もう一つの部分は、生

★82　**スターリン**、ヨシフ・ヴィッサリオノヴィッチ（一八七八〜一九五三）　ソ連の政治家。一九二二年、ボリシェヴィキ党書記長の任につき、レーニン死後、ソ連を支配する独裁者となり、世界の共産主義運動にも深刻な否定的影響をもたらした。

★83　**ソ連覇権主義との日本共産党の闘争**　日本共産党は、早くからソ連の覇権主義・専制主義への批判にとりくみ、とくにその覇権主義にたいしては、日本の運動の自主性をまもり、世界の平和と民族自決の原則を擁護する立場から、徹底した闘争を行なった。そして、一九九一年、ソ連共産党が解体した時には、「大国主義・覇権主義の歴史的巨悪の党の終焉（しゅうえん）を歓迎する」という党常任幹部会の声明を発表し、その三年後、第二〇回党大会（一九九四年七月）は、党綱領の一部改定のなかで、〝ソ連社会とは何であったのか〟という問題にたいし、ソ連は、社会主義でもそれへの過渡期の社会でもなかった、という結論を出した。

活手段として、「連合体」の成員によって個人的に消費されます。「この部分は、だから、彼らのあいだで分配されなければならない」（同前一四一ページ、〔I〕93ページ）のです。これが、共産主義社会における分配の問題です。

この点では、マルクスはたいへん慎重です。まず「この分配の仕方は、社会的生産有機体そのものの特殊な種類と、これに照応する生産者たちの歴史的発展程度とに応じて、変化するであろう」（同前）と言います。すこし難しい表現を使っていますが、ここには、マルクスが未来の共産主義社会を一律のものとして考えていなかったということが、よく現われています。一口に共産主義社会と言っても、それが成立する時の歴史的な条件や国民的特殊性に応じて、「社会的生産有機体」としてはいろいろな特徴をおびてくるだろうこと、また、この社会ができがったのちにも、社会そのものの発展やそれに対応する生産者たち自身の発展とともに、分配の仕方は変化してゆくだろうこと、こういうことが、この文章には含まれています。

その上で、マルクスは、商品生産社会とくらべてみるために、「各生産者の生活手段の分け前は、彼の労働時間によって規定されるものと前提しよう」（同前）と言い、その前提にたって、共産主義社会と商品経済社会との比較論を進めるのです。未来社会を論じる時に、マルクスがここで示した慎重さ——青写真を描いて、必ずそうなるという言い方をしりぞけ、未来社会が、豊かな多様性をもつことを当然のこととして、分配の仕方などで一定の方式を論じる時には、あくまで仮定の話であることを断って、議論を進める——は、よく注意して読みとるべきことでしょう。

商品経済の社会を、こうして（一）から（四）まで、発展段階の異なるいろいろな人間社会とくらべてみると、商品経済以外の社会では、社会的な関係はすべて人間と人間の関係として簡単明瞭に現われ、物と物との関係という「変装」をしないこと、すべてが物と物との関係として現われ、経済の法則も人間から独立した強制法則として現われるというのは、商品経済社会だけの、歴史的に見て特別の問題だということが、浮き彫りになってきます。人類社会をこのように歴史的に見渡すと、商品経済社会の物神崇拝などが、人間社会にとって永久不変のものでないことがよく分かる――マルクスのここでの展開の眼目は、この点にあります。

最後にある三つの論点について

歴史的な比較論を終えたあと、マルクスは、最後の部分で三つの論点を述べています。

第一は、社会が物神崇拝を乗り越えるためには、どんな条件が必要か、という問題で、ここではもう一度宗教的世界との対比に立ちもどっています（『資本論』①一四一～一四三ページ、〔Ｉ〕93～94ページ）。マルクスは、さまざまな宗教のうちには、現実世界の矛盾や不合理さ、人間生活の困難などの反映がある、と見ています。そこから、宗教の将来について、それは「現実世界の宗教的反射」なのだから、「実際の日常生活の諸関係」が合理的に組み直され、人間相互の関係も、自然との関係も、透いて見えるようになった時に、初めて消えてゆくことになるのだ、という結論を引き出します。そして、商品経済社会に生まれる物神崇拝の将来も、これと同じで、この種の神秘化の諸形態は、現実世界の変革があって初めて消滅に向かう、と論じるのです。

「社会的生活過程の、すなわち物質的生産過程の姿態は、それが、自由な社会化された人間の産物として彼らの意識的計画的管理(コントロール)のもとにおかれるとき、はじめてその神秘のヴェールを脱ぎ捨てる」（同前一四二ページ、〔I〕94ページ）。

ここで述べられている宗教論そのものが、たいへん圧縮した、難解な表現で述べられているのですから、宗教論をよりどころにして論じるという回り道をしないで、直接、物神崇拝の前途を論じてもらった方が分かりやすかったかもしれません。しかし、もともと物神崇拝という言葉自体が宗教的な色合いをもった言葉ですから、おそらくマルクスは、ここで、宗教論そのものについての自分の見解をきちんと述べておきたかったのだ、と思います。マルクスの宗教論そのものについては、あとで、補論的にもう一度取り上げることにします（本冊二二三〜二二九ページ）。

第二の論点は、マルクス以前の経済学は、なぜ価値形態の分析ができなかったのか、という問題です。マルクスは言います。「確かに経済学〔マルクス以前の経済学ということです――不破〕は、不完全にではあるけれども、価値と価値の大きさとを分析して、この形態のうちに隠されている内容を発見した」（同前一四三ページ、〔I〕94〜95ページ）。そこで発見されたものとは、労働価値説のことです。「しかし、経済学は、では、なぜこの内容があの形態〔価値形態のこと――不破〕をとるのか、したがって、なぜ労働が価値に……表わされるのか？　という問題を提起したことさえもなかった」（同前、〔Ⅰ〕95ページ）。スミスもリカードウも、商品が交換される、その交換価値とは何か、それが人間の労働であり、労働時間で規定される、ということまでは突き止めたが、なぜ、それが価値形態をとり、貨幣を生み出すのかについては、そこにそういう問題があることにさえ気づかなかった、というのです。

商品経済の諸定式は、「生産過程が人間を支配していて、人間がまだ生産過程を支配していない社会構成体」に属するものです（同前一四三ページ、〔Ⅰ〕95ページ）。マルクスのこの言い方は、商品生産社会・資本主義社会を、頭のなかで共産主義社会と対比しながらものを言っているものだな、ということがよく分かる言い方です。そして、これらの定式が、こういう社会に属するものだということは、焼き印で押し刻んだように、鮮やかに「その額に書かれて」います。ところが、「経済学のブルジョア的意識」には、その焼き印さえ目に入らず、生産的労働なしには人間は生活できないという定式と同じように、「自明な自然的必然性」としか見えません。だから、労働価値説は理解しても、その本当の意義をつかむところまで経済学を前進させることはできなかったのでした。

もちろん、スミスやリカードウも、「社会的生産有機体の前ブルジョア的諸形態」――奴隷制や封建制の社会を知ってはいました。しかし、彼らがそれを取り扱うやり方は、キリスト教の教父たちが、「前キリスト教的諸宗教」を、原始的な「つくりもの」として軽蔑的に扱ったやり方と同じで、これらは不合理な「人為的制度」で、商品経済と資本主義こそが社会の本来の自然のあり方だといった見方でした（同前一四三ページおよび一四六～一四八ページの「注三三」、〔I〕96ページ）。

この部分には、三つの「注」がついています。前にマルクスの「注」のつけ方を説明しましたが（本冊一四六～一五〇ページ）、この三つの「注」はどれも本文で述べた内容のよりたちいった解明を行なっている「注」で、たいへん大事なものです。「注三一」は、リカードウの労働価値説の意義と限界を、「注三二」は価値論での古典派経済学の根本的欠陥を、「注三三」は、社会の前ブルジョア的諸形態にたいする古典派経済学の誤った見方を、論じています。「注」は、細かい字でぎっしり書き込まれていて、読み飛ばしがちなものですが、〝この規定や命題を最初に提起した経済学者は誰か〟という年代確定的な「注」とは違って、〝本文で書いたことを、もっと詳しく知りたい人はここを見よ〟という性質のこの種の「注」には、しばしば「隠れた宝」とも言うべきたいへん重要な内容が含まれています。その意味で、「注」も注意して読んでいってください。

第三の論点は、商品世界の物神崇拝にだまされて、ばかばかしい立場に落ち込んでしまった「一部の経済学者たち」への批判です。ここは、特別の解説はいらないでしょう。

第一章・商品論を終わって

これで、「第一章　商品」は終わりました。最後に一言言うと、第一章の四つの節のうち、マルクスが古典派経済学の成果を引き継いでこれをより正確に仕上げた、と言えるのは、第一節だけで、あとは、第二節の労働の二重性の分析も、第三節の価値形態論、第四節の物神崇拝論も、すべてマルクスが開拓した経済学の新境地だということです。このことをきちんとつかみ直し、また第四節の最後に述べられた古典派経済学への批判を頭において、第一章で読んできたことをふりかえると、マルクスの価値学説の画期的な特質が、より鮮明につかめる、と思います。

第二章　交換過程

ここで人間が出てくる

第一章で、われわれは、商品とは何か、それはどうして価値の形態をとるのか、そこから貨幣がどうして生まれてくるのか、などなどを、深くつかみました。普通の商品論だったら、ここで終わって不思議でないのですが、そこでおしまいにしないのが、マルクスです。第二章が、交換過程論で、ここで、商品から貨幣への発展を、もう一度たどることになります。「これは、価値形態論で卒業ずみだ。なぜ二度も」という疑問も起こるでしょうが、マルクスには、それだけの理由がありました。

第一章では、価値形態の発展を、もっぱら論理的に追究しました。そこで問題にしたのは、商品世界での商品と商品の関係で、商品の持ち手、生産者そのものは、登場してきませんでした。

マルクスは言います。商品は一人では市場に出てこられない。商品の持ち手（保護者・所有者）が必要だ。所有者である人間が、商品をもって登場してこそ、市場で商品がどういう動きをするかを分析することもできるし、商品経済の歴史の研究もできます。これが、第二章の研究の特徴です。ですから、同じように価値形態の発展を扱っても、今度は論理的な連関と移行の研究ではなくて、人間社会の現実の歴史のなかでの交換関係およびそれを反映する価値形態の発展として研究されます。いわば市場経済の歴史と現実が、いよいよ問題になってくるのです。

第二章の歴史的な研究では、商品交換のもっとも原初的な形態である生産物交換（物物交換）から貨幣を仲立ちとする商品流通にいたる歴史的な発展が、第一章第三節で見た単純な価値形態から貨幣形態への論理的な発展と一致することが、明らかにされました。マルクスの展開では、論理的な発展と歴史的な発展の一致がよく問題になりますが、これは、その典型的な実例の一つです。

人間が登場する、と言いましたが、登場する人間をどういう角度から、どういう資格で問題にするのか、という点について、マルクスは大事なことを言っています。

「諸人格は、ここではただ、互いに商品の代表者としてのみ、だからまた商品所有者としてのみ、存在する」（『資本論』①一五一ページ、〔Ⅰ〕99～100ページ）。

人間は、一人ひとり独自の名前をもっているし、いろいろな性格をもっています。しかし、経済学では、そういうことはすべて抜きにして、「商品の代表者」という資格で扱いますよ、という断り書きです。マルクスは、すぐ続けて、「一般に展開が進むにつれて、諸人格の経済的扮装はただ経済的諸関係の人格化にほかならず、諸人格はこの経済的諸関係の担い手として互いに相対するということが明らかになるであろう」（同前、〔Ⅰ〕100ページ）と書いて、これが、『資本論』でいろいろな人間を問題にする場合の基本態度だということを、強調しています。

たとえば、マルクスは、『資本論』のなかで、資本家を取り上げ、労働者を搾取するさいのその貪欲さを痛烈に告発します。しかし、それは、資本家個人を攻撃しているわけではありません。資本を代表する人格であるかぎり、その行動はこういう性格をもたざるをえないのだ、という議論です。銀行家についても、商人や地主についても、事情は同じで、これは『資本論』での人間の扱い方の方法論と思って読んでいただければ、と思います。

商品生産者の市場での行動と価値形態

交換過程論の内容に入りますが、マルクスはまず、市場に現われた商品所有者が、どのように考え、どのように行動するかという角度から、商品交換の現実を分析します。商品所有者は、自分の商品を、自分が必要とする他の商品と交換するために市場に来たわけですが、この交換を実現しようと考え、行動するその節目の一つ一つが、第一章第三節で明らかにした価値の諸形態に対応してきます。つまり、価値の諸形態が、ここで、きわめて現実的な肉付けをもってくるのです。

マルクスは、ある商品をもって市場に来た商品所有者の立場を、価値形態の用語で、次のように叙述します。

「立ち入って見てみると、どの商品所有者にとっても、他人の商品はどれも自分の商品の特殊的等価物として意義をもち、したがって、自分の商品は他のすべての商品の一般的等価物として意義をもつ」（『資本論』①一五五ページ、〔Ｉ〕１０１ページ）。

しかし、すべての商品所有者が同じ立場で同じ行動をするのですから、いくら自分の商品が「一般的等価物として意義」をもつことを確認してみても、それで、自分の商品を自分が必要とする他人の商品と交換するという取引の成立に、道が開かれるわけではありません。解決の道は、個々のすべての商品が「一般的等価物」として意義を強調しあう段階から抜け出して、なんらかの特定の商品を、別格の存在として一般の商品世界から排除し、市場に参加するすべての人間が認める「一般的等価物」に転化させること以外にはありません。そうすれば、すべての商品所有者が、まず自分の商品を市場で公認された「一般的等価物」と交換し、ついでこの「一般的等価物」を自分の必要とする商品と交換すれば、思いどおりの取引を成立させることができます。

「ただ社会的行為だけが、ある特定の商品を一般的等価物にすることができる。……一般的等価物であるということは、社会的過程によって、この排除された商品の特別な社会的な機能となる。こうして、この商品は――貨幣となる」〔同前一五五ページ、〔I〕101ページ〕。マルクスは、単純な形態から貨幣形態にいたる価値形態の発展を、こうして、市場に来た商品所有者の思考と行動の論理として再現したのです。

商品交換の歴史的な発展と価値形態

マルクスが、次に取り上げるのは、社会の歴史のなかでの商品交換の発展を追跡するという問題です。ここでも、価値形態の移行と発展が、みごとに再現されます。

歴史的に見て、商品交換が最初に行なわれたのは、原始的な共同体の時代です。共同体の内部では商品交換は問題になりません。「商品交換は、共同体の終わるところで、諸共同体が他の諸共同体または他の諸共同体の諸成員と接触する点で、始まる」〔『資本論』①一五七ページ、〔I〕102ページ〕のです。もちろん、それは直接的な生産物交換、物物交換です。

こうして交換が始まり、規則的に繰り返されるようになると、それは共同体内部の生活にも反作用しますが、最初の段階では、交換関係は、「どの商品もその所有者にとっては直接的に交換手段であり、その非所有者にとっては等価物である」〔同前一五八ページ、〔I〕103ページ〕という状況、つまり、「展開された価値形態」の枠を出ません。

しかし、交換が広がってくると、交換関係の共通のモノサシとなる「第三の商品」がおのずから浮かびあがってきます。この「第三の商品」は、たとえ狭い限界内にせよ、他のいろいろな商品にとっての等価物になるわけで、その範囲で「一般的等価形態」としての役割を果たします。ある時期までは、「この一般的等価形態は、それを生み出す一時的な社会的接触とともに発生し、それとともに消滅する。この形態は、あれこれの商品に、かわるがわる、かつ一時的に帰属する」（同前）。

やがて、商品交換は、次の段階を迎えます。

「それ〔一般的等価形態――不破〕は、商品交換の発展につれて、もっぱら特殊な種類の商品に固着する。すなわち、貨幣形態に結晶する」（同前一五八～一五九ページ、〔Ｉ〕同前）。

どんな商品が貨幣となるかについて、マルクスは続けて語ります。

「それがどのような種類の商品に固着し続けるかは、さしあたり偶然的である。しかし、一般的には、二つの事情が決定的である。貨幣形態が固着するのは、外部からはいってくるもっとも重要な交易品――これは、事実上、内部の諸生産物がもつ交換価値の自然発生的な現象形態である――か、さもなければ、内部の譲渡されうる所有物の主要要素をなす使用対象、たとえば家畜のようなものである」（同前一五九ページ、〔Ｉ〕同前）。

中国でも、ごく初期には貝が貨幣として使われたことがあります。内陸部の部族にとっては、海の、それも珍しい種類の貝は滅多に手に入らない貴重なものでしたから、「外部からはいってくるもっとも重要な交易品」として、貨幣の役目をになったのでしょう。漢字で、財産に関係のあるものに貝篇の字が多いのは、そのあたりから来ていることです。

最後に、貨幣形態は、商品交換の広がりおよび深化とともに、金および銀という貴金属に固着するようになります。それが現在にまでいたっているわけです。

「商品交換がそのもっぱら局地的な束縛を打破し、こうして商品価値が人間的労働一般の体化物にまで拡大していくのと同じ割合で、貨幣形態は、生まれながらにして一般的等価物という社会的機能に適している商品に、すなわち貴金属に移っていく」（同前、〔Ⅰ〕104ページ）。

こうして、マルクスの価値形態論は、人間社会の歴史という豊かな裏付けをも得ることになりました。

交換過程論をふりかえってみると、そこには、二重の追跡がありました。第一の追跡は、市場に登場した商品所有者の行動の追跡であり、第二の追跡は、人間社会における商品交換の歴史の追跡です。マルクスは、第一の追跡が、貨幣の形成にまで到達したあと、その到達点を総括して次の文章を書きましたが、私は、この文章は、その後の社会史的な追跡を含む二重の追跡の総括としても、十分に有効なものだと思います。

「貨幣結晶は、種類の異なる労働生産物が実際に互いに等置され、したがって実際に商品に転化される交換過程の必然的産物である。交換の歴史的な拡大と深化は、商品の本性のうちに眠っている使用価値と価値との対立を発展させる。交易のためにこの対立を外的に表示しようとする欲求は、商品価値の自立的形態へと向かわせ、商品と貨幣とへの商品の二重化によってこの自立的形態が最終的に達成されるまでとどまるところを知らない。それゆえ、労働生産物の商品への転化が生じるのと同じ度合いで、商品の貨幣への転化が生じるのである」（同前一五六ページ、〔Ⅰ〕102ページ）。

エンゲルスは『資本論』を原始・古代の歴史を描く指針にした

マルクスが、交換過程論で述べた商品交換の歴史は、たいへん簡潔な、しかも結論的な命題でつづった文章ですが、それは、世界の歴史についてのマルクスの豊かな蓄積を、高密度で展開したものでした。いわばマルクスの歴史知識の蘊蓄（うんちく）を傾けた歴史叙述で、いとも簡単に述べられたように見える諸命題の一つ一つが膨大な歴史事実の裏付けをもっていました。

そのことをよく知っていたエンゲルスは、マルクスの死後、『家族、私有財産および国家の起源』（一八八四年）〔★84〕を書いた時、この交換過程論を、原始・古代の歴史を描く指針として

★84　**『家族、私有財産および国家の起源』**　エンゲルスが一八八四年に執筆、刊行した著作（同名古典選書、全集㉑）。彼は「序言」で、この著作を「マルクスの遺言の執行」と意義づけた

あますところなく活用したのです。
エンゲルスは、家族形態の発展の歴史を解明する最初の部分では、モーガンという古代社会の研究者の著作『古代社会』（一八七七年）をなによりの指針とするのですが、最後の章「九　未開と文明」に入る時に、「ここでは、モーガンの著書と同じくらいに、またマルクスの『資本論』がわれわれに必要となるであろう」（全集㉑一五八ページ、古典選書二一三ページ）と書きました。

エンゲルスがどれだけ『資本論』を必要としたかを、具体的に見るために、エンゲルス『家族、私有財産および国家の起源』の歴史分析とそれに対応する『資本論』の文章とを対比する一覧表をつくってみました。それが、次の表です（『資本論』の最後の文章は、第三章から引いたものです）。

エンゲルス	『資本論』
「遊牧部族が残りの未開の人の集団から分離した。これが、最初の大きな社会的分業である。……このことによって、規則的な交換がはじめて可能になった。それ以前の諸段階では、交換はときおりおこなわれ	交換関係に必要なのは、「人々は……その譲渡されうる物の私的所有者として、……相互に独立の人格として、相対」するという関係である。「このような関係は、自然発生的な共同体の成員にとっては、

が、それは、マルクスの死後、マルクスが書き残したモーガン（＊１）『古代社会』の詳細な「摘要」（＊２）を発見したことが、この著作執筆の最大の動機となったからである。

＊１　**モーガン**、ルイス・ヘンリー（一八一八〜八一）　アメリカの人類学者・考古学者。インディアン社会の歴史を基礎に、原始社会史を解明した。主著は『古代社会、または野蛮から未開を経て文明にいたる人類進歩の経路の研究』（一八七七年）。

＊２　**マルクスの「摘要」**　マルクスは、一八八〇年末〜八一年初めに、モーガン『古代社会』の「摘要」を作成した（全集補④二五七〜四七四ページ）。マルクスはほぼ同じ時期に、イギリスの研究者ヘンリ・サムナー・メーン（＊３）の『初期制度史講義』（一八七五年）や同じくイギリスのジョン・ラボック（＊４）の『文明の起源と人類の原始状態』（一八七〇年）についても、「摘要」を作成している（同前四七五〜五六四ページ）。

＊３　**メーン**、ヘンリ・サムナー（一八二二〜八八）　イギリスの法学者。法制史家。家族と社会の発生について研究した。マルクスは一八八一年に、その著書『初期制度史講義』の摘要をつくった。

＊４　**ラボック**、ジョン（一八三四〜一九一三）　イギリスの学者で政論家（自由党員）。ダーウィン主義の動物学者。動物学ならびに原始共同体史に関する多くの著書がある。マルクスは、一八八二年に『文明の起源と人類の原始状態』の摘要を作成した。

えただけであった。……いまや、遊牧部族が分離したあとでは、相異（あいこと）なる部族の成員たちのあいだの交換のための、またこの交換が規則的な制度として発達し確立するための条件が、すべてそなわっていることを見るのである。最初は、部族と部族とが、相互の氏族長たちをつうじて交換した。しかし、畜群が特有財産に移りはじめると、個別的な交換がしだいにおもなものになり、ついにはそれが唯一の形態になった」（全集㉑一五九～一六〇ページ、古典選書二一五～二一六ページ）

「遊牧部族がその隣人たちに交換で渡した主要な物品は、家畜であった。家畜は、他のすべての商品がそれで評価され、どこでも他のすべての商品と交換によろこんで

……存在しない。商品交換は、共同体の終わるところで、諸共同体が他の諸共同体または他の諸共同体の諸成員と接触する点で、始まる。しかし、諸物がひとたび対外的共同生活で商品になれば、それらのものは反作用的に、内部的共同生活においても商品になる。……交換の不断の反復は、交換を一つの規則的な社会的過程にする。それゆえ、時の経過とともに、労働生産物の少なくとも一部分は、意図的に交換めあてに生産されるようになるにちがいない」（①一五七ページ、〔Ｉ〕１０２～１０３ページ）。

「貨幣形態が固着するのは、外部からはいってくるもっとも重要な交易品――これは、事実上、内部の諸生産物がもつ交換価値の自然発生的な現象形態である――か、

受け取られる商品となった。——要するに、家畜は、貨幣の機能を獲得し、すでにこの段階で貨幣の役目をつとめた。すでに商品交換の発端において、このように必然的にまた急速に、貨幣商品にたいする欲求が発展したのである」（全集㉑一六〇ページ、古典選書一一六ページ）。

「商人階級とともに、金属貨幣すなわち鋳貨がつくりだされ、そして金属貨幣において、非生産者が生産者とその生産とを支配するための一つの新しい手段がつくりだされる。商品中の商品、他のあらゆる商品を自己のうちに隠しもっている商品、なんでも望ましい物、ほしい物に思いのまま

さもなければ、内部の譲渡されうる所有物の主要要素をなす使用対象、たとえば家畜のようなものである。遊牧諸民族が最初に貨幣形態を発展させるのは、彼らの全財産が動かしうる、したがって直接的に譲渡されうる形態にあるからであり、また彼らの生活様式が彼らを絶えず他の諸共同体と接触させ、こうして、生産物交換へと誘い込むからである」（①一五九ページ、〔Ｉ〕１０３～１０４ページ）。

「商品を交換価値として、または交換価値を商品として固持する可能性とともに、黄金欲が目覚める。商品流通の拡大とともに、貨幣の——いつでも出動できる、絶対的に社会的な富の形態の——力が増大する。……貨幣はそれ自身商品であり、だれの私有財産にもなりうる外的な物である。

に身を変じることのできる魔法の手段が、ここに発見されたのである。それをもっている者は生産の世界を支配した。……貨幣の青春期であるこの時代ほどに、貨幣の力が原始的な粗暴さと暴虐さとで発揮されたことは、二度となかった。……そして、後世のどんな立法も、古代アテナイおよび古代ローマの立法ほど債務者を、情け容赦なく、とりつく島もなく、高利貸債権者の足もとにひきすえたものはない」（全集㉑一六五～一六六ページ、古典選書二二三～二二四ページ）。

こうして、社会的な力は私人の私的な力となる。だから、古典古代の社会〔ギリシア・ローマの奴隷社会——不破〕は、貨幣を、社会の経済的および道徳的秩序の破壊者として非難するのである。すでにその幼年期にプルトス〔★85〕の髪をつかんで地中から引きずり出した近代社会は、黄金の聖杯で、そのもっとも独自な生活原理の輝ける化身に祝杯をあげる」（①二二九ページ、〔Ⅰ〕１４５～１４７ページ）。

エンゲルスが、『反デューリング論』のなかで、資本主義以前の社会についての経済学についても、マルクスが最高の業績をもっていると述べたことは、前回紹介しましたが（本冊三四～三六ページ）、エンゲルスは、その評価に忠実に、『資本論』を使って、原始・古代の歴史を書いたのでした。

いくつかの補論

最後に、今日読んできた部分にかかわるいくつかの問題について、補論的な話をしておきましょう。

「経済的社会構成体」とは?

一つは、「社会構成体」あるいは「経済的社会構成体」という言葉です。先ほど、物神崇拝論のところでの『資本論』から引用した文章に、「社会構成体」という言葉が出てきました(本冊

★85　**プルトス**　マルクスによる誤記で、正しくはプルトン。プルトンはゼウスの三兄弟の一人で、冥府(めいふ)の王ヘデスの別名(埋蔵金銀も管理する)。プルトスは大地の女神デメーテルの息子で土地に豊穣をもたらす神。両者はしばしば混同された。

二〇一ページ)。より詳しく言う時には、マルクスは「経済的社会構成体」と言いますが、これは同じ意味の言葉です。構成体というのは、ドイツ語の原語ではフォルマチオン(Formation)で、地層を表現する地質学の用語なのです。おそらく、いろいろな社会形態が順次交代する様子を、地質学における地層の歴史的交代と思いあわせて、自分の社会観を表現する用語として、「経済的社会構成体」という言葉をつくりだしたのでしょう。原始共同体社会の諸段階の交代を論じたなかですが、マルクス自身、そのルーツを暗示する次のような文章を書いています。

「さまざまな原始的共同社会（コミユノテ）の衰退の歴史(これらの原始的共同社会をすべて同列におくならば、一つの誤りをおかすことになろう。地質学上の地層（フォルマシオン）(不破・注)の場合と同じように、これらの歴史的構成（フォルマシオン）にも、第一次〔第一紀〕、第二次〔第二紀〕、第三次〔第三紀〕というような型の全系列が存在するのである)」(「ヴェ・イ・ザスーリチ〔★86〕の手紙への回答の下書き〔第一草稿〕」一八八一年　全集⑲三八八ページ)。

(注)ここで、「地層」と「構成」の原語が「フォルマシオン」となっているのは、マルクスがザスーリチへの手紙とその草案を、ドイツ語ではなく、フランス語で書いたためです。

マルクスの史的唯物論は、経済の諸関係が社会の土台をなしており、政治や法律などの制度的な仕組みや、宗教や哲学、芸術などいろいろな思想形態は、その上に立つ上部構造だというように、とらえます。土台も上部構造も、それぞれの論理をもち、それぞれなりの働きをしますが、社会の動きは土台における経済の諸関係によって大局が決まってきます。ですから、経済の仕組みが、奴隷制であるか、封建制であるか、資本主義であるかによって社会全体の型も決まってきます。そういう見方でとらえた社会を、マルクスは、「経済的社会構成体」と呼んだのです。『経済学批判』の「序言」のなかにある次の文章は、マルクスが経済的社会構成体について語った、代表的なものの一つです。

「大づかみに言って、アジア的、古代的、封建的、および近代ブルジョア的生産様式が、経

★86　**ザスーリチ**、ヴェラ・イヴァーノヴナ（一八五一～一九一九）　ロシアの女性革命家。最初、ナロードニキ派として活動、やがて科学的社会主義の立場に接近、その時期に、ロシアの前途について、マルクスに質問の手紙を送った（一八八一年）。一八八三年には、プレハーノフ（＊）とともに、「労働解放団」の創立者の一人となり、一九〇二年のロシア社会民主労働党の結成には、「イスクラ（火花）」派として参加、のちにメンシェビキにくわわる。

＊　**プレハーノフ**、ゲ・ヴェ（一八五六～一九一八）　ロシアにおける科学的社会主義の運動の創始者。一八八三年、「労働解放団」を創立。一九〇〇年にはレーニンと協力して「イスクラ」編集部にくわわり、一九〇二年、ロシア社会民主労働党の結成に参加。その後の党分裂にあたって、メンシェビキにくわわり、その指導者となる。

済的社会構成体の進歩していく諸時期として特徴づけられよう。ブルジョア的生産諸関係は、社会的生産過程の最後の敵対的形態である。……それゆえ、この社会構成体をもって人類社会の前史は、終わりを告げる」（古典選書一五～一六ページ、全集⑬七ページ）。

マルクス自身の文章には、「社会構成体」という概念の意味についての解説はありません。そのために、社会構成体の解釈をめぐって論争が生まれました。〝この言葉は、経済的土台だけを指したものだ〟という議論が一方にあって、論争が続けられました。

しかし、経済だけを指している概念だとしたら、人類の歴史を社会構成体の成立・発展・交代の歴史として描く史的唯物論は、単純な経済史観に退化してしまうことになります。それでは、上部構造の独自の働きもリアルに評価し位置づけながら、経済の諸関係が社会の型を決め、社会の動きの大局を左右すると見る史的唯物論の値打ちも、影をうすめてしまいます。

私は一九七五年に「社会構成体論争と史的唯物論」という論文を書きました（『前衛』七五年八月号、前掲『史的唯物論研究』所収）。論争の内容や私の結論について、興味のある方はご参照ください。

「アジア的生産様式」の規定について

もう一つは、いまの「経済学批判・序言」の引用にも出てきた「アジア的生産様式」という言葉です。『資本論』でも、物神崇拝論（第一章第四節）のなかに「古アジア的、古代的等々の生産様式」（『資本論』①一四一ページ、〔Ⅰ〕９３ページ）という言葉がありますが、この「古アジア的」も「アジア的生産様式」と同じ意味で使われています。

この言葉も、戦前・戦後を通じて、日本でも世界でもたいへん長い論争があり、アジアにだけ存在した特殊な生産様式を指すものとされたり、アジア的な奴隷制（共同体をまるごと奴隷化する搾取形態）と解釈されたりしました。実を言えば、先に見た「社会構成体」の場合とは違って、マルクスは、「アジア的生産様式」という用語を使いだした時、この用語の内容についての説明を、マルクス自身の言葉できちんと行なっていたのでした。ですから、研究者がそこに注意を向けていれば、論争になるほどの話ではなかったと言えるかもしれません。

マルクスが初めてこの用語を使ったのは、先に引用した「経済学批判・序言」の一文です。「序言」そのものには、この用語の解説はありませんが、『経済学批判』の本文のなかで、マルクスは、「アジア的生産様式」という用語が生まれたいきさつについて、詳しい解説を示していたのです。

商品生産社会と、その他の社会形態との比較論を展開したところ（先ほど見た〈本冊一八九〜一九七ページ〉『資本論』での比較論の原型をなすものです）の最後の部分で、マルクスは「すべての文化民族の歴史の入口で見られるような、原生的形態にある共同労働をとってみよう」（全集⑬一九ページ）と書いて原始共産主義の社会での共同労働の性格を論じました。その時、マルクスは、その箇所に次の「注」をつけて、この原生的な共有の諸形態の原型がアジアにあることを詳しく指摘しました。

「原生的な共有の形態は、とくにスラヴ的な、しかももっぱらロシア的な形態だというのは、近ごろひろまっている笑うべき偏見である。それは、われわれがローマ人、ゲルマン人、ケルト人のあいだで指摘することのできる原初形態であるが、これについては、さまざまな見本をそなえたりっぱな見本帳が、いまでもなお、一部は廃墟としてであるとは言え、インド人のあいだに見いだされる。アジア的な、ことにインド的な諸共有形態のいっそう詳しい研究は、原生的共有の種々の形態からどのようにしてその崩壊の種々の形態が出てくるかを示すであろう。こうして、たとえばローマ的およびゲルマン的私有の種々の原型が、インド的共有の種々の形態からみちびきだされるのである」（同前）。

マルクスが、インドの共同体を発見したのは、一八五三年のことでした〔★87〕。そこから、あらためて原始・古代の歴史を研究しなおして、階級を知らない原生的な共同体の時代、すなわち、原始共産主義の時代が「すべての文化民族の歴史の入口」に存在していたという認識に到達し、これを「アジア的生産様式」という言葉で呼んだのでした。

ここで、「アジア的」という言葉で特徴づけたのは、それがアジア地域に限定された形態だという意味ではなく、その原型がアジアにあり、「廃墟」となっているとは言え、その形態が現にアジアに発見された、という意味でした。歴史のなかでのこの生産様式の存在については、「すべての民族の歴史の入口」という言葉に示されているように、マルクスが、ヨーロッパなどの非アジア地域を含め、地域的限定をこえた世界史的な普遍性を指示していたことに、注目する必要があります。

原始共産主義の時代が「歴史の入口」に存在したということは、マルクスにとっても、人類史の見方を変えさせられた大発見でした。インドの共同体に出会う五年前の一八四八年、エンゲルスとともに『共産党宣言』を書いた時には、原始共同体についての認識がなかったために、なんのためらいもなく、「これまでのすべての社会の歴史は、階級闘争の歴史である」〈古典選書四八ページ、全集④四七五ページ〉と断言したのでした（エンゲルスは一八八八年の英語版を出す時、ここに注を付け、モーガンらの発見を紹介して、原始共同体について述べています〈同前四九ページ、全集④四七五～四七六ページ〉）。

そして、マルクスが、人類社会の最初の段階は、原始共産主義の社会だったというこの認識を初めて公表した著作が、『経済学批判』だったのです。マルクスは、本文で、「すべての文化民族の歴史の入口」に原生的形態での共同労働が見られることを記述し、「注」で、原生的な共有の形態が、アジア、とくにインドに原型をもつことを指摘しました。そのうえで、「序言」で、社

★87　**マルクスとインド共同体**　マルクスのインド共同体発見の経緯については、本書②の「講義第6回」での「インド共同体との出会い（一八五三年）」の項参照。

会構成体の交代の歴史の冒頭に「アジア的生産様式」を明記することで、新たな発見の世界史的位置づけを明らかにしたのです。

私は、この問題についても、一九七八年、「マルクスの社会発展史論とアジア的生産様式」(『科学と思想』第二九号・七八年七月、前掲『史的唯物論研究』所収)という論文を書いて、「アジア的生産様式」とは、原始共産主義あるいは原始共同体の社会のことだという論証を行ないました。

興味深いことは、その後、『資本論』に関連して、マルクスが、「アジア的」あるいは「古アジア的」という言葉を、原始共同体を指す言葉として使っているという証拠文書が、いろいろ出てきたことです。

一つは、今日の「物神的性格」論に関係があります。『資本論』の第二版を発行する時、マルクスは、〝改定要領〟とも言うべき作業文書をつくって、改定にあたったのです。この作業文書の「価値形態」論のところで、マルクスはまず、「商品生産をその他の生産様式から区別する」例として、「たとえば、家父長制家族、古アジア的共同体等において」と書きました(小黒正夫訳「カール・マルクス『資本論』第一巻のための補足と改訂」『マルクス・エンゲルス マルクス主義研究』第五号、七号)。その内容が、「物神的性格」批判のところで、現行版にあるとおり、家父長制家族と原始共同体についての叙述として具体化されてゆくのですから、マルクスにとって、「古アジア的」とは原始共同体を指す用語であったことは、明らかです。

もう一つは、『資本論』第三部の草稿が明らかになったことです。エンゲルスが編集した現行

第三部で「原始共同体」が出てくるところが、二ヵ所あります（『資本論』⑨五五三ページ、⑫一四八六ページ、〔Ⅲ〕３３７ページ、８３９ページ）。この原文を草稿で調べてみると、マルクスは、第一の場合には「古アジア的共同体」、第二の場合には「オリエント〔東洋〕的共同体」という言葉を使っていました。エンゲルスは、「アジア的」とか「オリエント的」という言葉で、マルクスが原始共同体を指していたことをよく知っていましたから、分かりやすいように、これを「原始共同体」という言葉におきかえてしまったのでした。

ですから、この論争は、今日ではすでに決着のついた話と考えてもらってよいと思います。つまり、マルクスが「アジア的」、「古アジア的」、あるいは「オリエント的」という言葉を使っている場面に出会ったら、これは原始共産制の生産様式のことだと、安心して読んでもらってよいでしょう。

マルクスは、『資本論』を、すべての用語についてきちんと定義を明記しながら書いているわけではないので、この種の、論争を呼び起こすようなクイズ的要素も、結構あるのです。これも、『資本論』を読む楽しみの一つに数えあげてよいかもしれません。

マルクスの宗教論をめぐって

最後は、宗教の問題です。

マルクスが、商品の物神的性格を論じ、それが解消される展望を語る時に、人間の頭脳への宗教的反射とその解消という問題と対比しながら論を展開していることは、先ほど見たとおりです（本冊一九七～一九八ページ）。これは、一例ですが、『資本論』で宗教の問題が取り上げられる時には、批判的と言うか、時には冷やかすような調子が、かなり強くあります。商品論のところでも、「キリスト教徒の羊的性質」（『資本論』①九五ページ、〔Ⅰ〕６６ページ）とかの皮肉めいた表現がよく飛び出してきます。

これには、一つの時代的な背景もありました。

世界観の面で言うと、当時のヨーロッパで、キリスト教は、自然や社会にたいする科学的な見方と対立する面を、鋭く押し出しており、科学的な世界観に到達するには、宗教的な世界観との意識的な闘争が必要でした。

たとえば、エンゲルスですが、全集には、彼が若い時代にグレーバー兄弟〔★88〕という親友とかわした手紙が多数収録されています。そのなかには、自然科学によって解明された自然についての認識と、聖書に記された「天地創造」の記録との矛盾に真剣に悩むエンゲルスの姿が描きだされています。エンゲルスが、「科学の目」を探究してゆく過程では、宗教的世界観とのこうした対決があったのでした。

社会的、政治的潮流の面でも、当時は、宗教の多くは、体制側について、公然と反動的な役割を果たすのが、普通の状況だったようです。現在のように、平和や国民の生活など、地上の悩みの解決をめざして、宗教者と共産主義者とのあいだで対話と交流が広がるなどということは、とても考えられない時代でした。

マルクスの宗教論については、こういう時代的背景を頭において読むことが必要でしょう。ただ、マルクスにしても、エンゲルスにしても、宗教を一律に時代逆行的な存在として扱ったのかというと、そうではありません。

彼らは、たとえば、キリスト教についても、キリスト教が進歩的な役割をになった時代があったことをよく知っており、その役割を積極的に評価していました。エンゲルスは、原始キリスト教についていくつかの論文を書いていますが、そこには、キリスト教についての高い評価があり

★88　**グレーバー兄弟**　兄はヴィルヘルム（一八二〇～九五）、弟はフリードリヒ（一八二二～九五）で、二人ともエンゲルスの青年時代の友人で、後に牧師となった。エンゲルスとのあいだに多くの書簡が残されている（エンゲルスからの書簡は、全集㊶に、一八三八～四一年の一九通が収録されている）。

青年エンゲルスのグレーバー兄弟への手紙については、不破『古典教室』第二巻（二〇一三年、新日本出版社）第二章の「青年エンゲルスの思想的発展――グレーバー兄弟への手紙」の項参照。

ます。

「黙示録」（一八八三年）という論文では、エンゲルスは、ルナン〔★89〕というフランスの宗教学者が、〝最初期のキリスト教団は、国際労働者協会〔★90〕（インタナショナル）の地方支部みたいなものだった〟と述べたことを引用しながら、こう書きました。

「そのとおり。〔当時の〕キリスト教は、現代の社会主義とまったく同様に、大衆をとらえたが、それは、多種多様の宗派と、なおそれ以上に、相争う個人的見解……のかたちにおいてではあったけれども、すべてが支配体制に、『現存権力』に敵対していたのである。……

キリスト教は、どの大きな革命運動もそうであったように、大衆によってつくられたものである」（全集㉑九～一〇ページ）。

キリスト教は、中世にも、ドイツで農民戦争の旗印になったこともありました。エンゲルスには、その経緯を研究した『ドイツ農民戦争』（一八五〇年）〔★91〕という歴史書もあります。

しかし、マルクス、エンゲルスが活動した時代には、民衆の側に立って、現世での救済を求める宗教的な運動は、もうほとんど影をひそめていました。エンゲルス自身、『フォイエルバッハ論』〔★92〕のなかで、キリスト教の役割の歴史的な変化を論じ、「キリスト教はその最後の段階にはいった。キリスト教は、それ以来、いかなる進歩的な階級のためにも、その階級の欲求のイデオロギー的扮装として役だつことができないものになった。キリスト教はますます支配階級の独占するところになり、そして支配階級は、下級階級を制御するためのたんなる統治手段として、それを使っている」（古典選書九八～九九ページ、全集㉑三一〇～三一一ページ）と書きました。

★89　**ルナン**、ジョゼフ‐エルネスト（一八二三～九二）　フランスの観念論哲学者で宗教史家。主著に『キリスト教起源史』全七巻（一八六三～八三年）がある。

★90　**国際労働者協会**　一八六四年九月に結成された国際的な労働者組織。のちに第一インタナショナルと呼ばれた。その「創立宣言」、「暫定規約」はマルクスが起草した。同協会は一八七二年、本部をアメリカに移した（実質的には解散。公式の解散は一八七六年）。

★91　**『ドイツ農民戦争』**　一六世紀のドイツに起こった農民戦争の歴史を論じたエンゲルスの著作。『新ライン新聞、政治経済評論』第五・六合併号（一八五〇年一一月）に掲載され、のち、一八七〇年、一八七五年にドイツで冊子として出版された（全集⑦）。エンゲルスは、八〇年代にドイツ史をさらに研究し、より広範な資料を得て、内容を拡充した改定版の刊行を準備したが、この計画は実現しなかった。

★92　**『フォイエルバッハ論』**　エンゲルスが、ドイツの唯物論哲学者フォイエルバッハを主題としたシュタルケというデンマークの哲学者の著作への書評として執筆したもので、科学的社会主義の世界観をまとまった形で論じた（同名古典選書、全集㉑）。一八八六年、ドイツ社会主義労働者党の理論雑誌『ノイエ・ツァイト』に発表し、一八八八年に単行本として刊行。

た。

それから一〇〇年あまりたって、宗教の世界にも、ずいぶん大きな変化が進行しました。第二次世界大戦とファシズムの時代には、ヨーロッパで「神を信じたものも、信じなかったものも」〔★93〕ということが、レジスタンス（抵抗）運動の貴重なスローガンとなりました。

現在、私たちの日本で、あの世での救済だけを求め、現世はがまんしろという宗教は、一部にはあるとしても、けっして主要な流れではありません。まじめな宗教者のあいだでは、現世の問題の解決のために力をつくそう、そのために世界観の違いを越えて共同の輪を広げようという流れが、大きく広がっています。私たちは、そのことをよく見て、そういう段階での、宗教と宗教者にたいする私たち自身の態度を発展させてゆく必要があります。

日本共産党は、一九七五年一二月の第七回中央委員会総会（第一二回大会期）で決議「宗教についての日本共産党の見解と態度」を採択しました（『日本共産党中央委員会総会決議集――第12回党大会・中』所収）。

この決議は、マルクス、エンゲルスの見解のなかで受け継ぐべき諸点を分析的に解明するとともに、そこには本来的に「内在」してはいたが、当時の情勢のもとでは十分に発展させえなかった問題があることを指摘しています。それは、「世界観上の相違を現実の政治的対立に短絡させず、世界観や思想・信仰のちがいをこえて、地上の問題での可能な協力を求めるという方向」の問題です。決議は、一九三〇年代以後の反戦、反ファシズムの闘争や、第二次世界大戦後のベトナム侵略戦争反対、原水爆禁止の運動などの経験をへて、「共通する地上の諸問題で共産主義者と宗教者との協力」が「新しい人類的な経験」となったことを、指摘しています。この決議では、宗教と科学的社会主義の問題で、今日の時点でも意義をもつ多くの理論的・実践的な解明が行なわれており、『資本論』のこの部分の現代的な理解のためにも、ぜひ一読をすすめたいものです。

★93　**「神を信じたものも、信じなかったものも」**　この言葉は、詩人ルイ・アラゴン（＊）の作品「薔薇（ばら）と木犀草（もくせいそう）」（一九四三年）にあり、その冒頭をはじめ、合計一〇回出てくるフレーズで、第二次世界大戦中のフランスのレジスタンス運動では、大同団結の象徴的なスローガンとなった。

＊　**アラゴン**、ルイ（一八九七〜一九八二）　フランスの詩人、小説家で、抵抗詩人としてドイツ・ファシズムとたたかった。共産党を象徴する赤い薔薇と、キリスト者を表わす白の木犀草をタイトルにした「薔薇と木犀草」は、詩集『フランスの起床ラッパ』（一九四四年、同名邦訳書、一九八〇年、新日本文庫）に収録された。

〔付表〕『資本論』に出てくる単位について

単位の名称		どこの国か	メートル法換算	相互関係
エレ	長さ	ドイツの昔の尺度	約67cm	
ツェントナー	重さ	ドイツ	50kg	
オンス	重さ	イギリス	28・35g	16オンス＝1重量ポンド
重量ポンド	重さ	イギリス	453・6g	
クォーター	体積	イギリス（主に穀物）	290・95ℓ	
ブッシェル	体積	イギリス（主に穀物）	36・37ℓ	8ブッシェル＝1クォーター

講義第3回

第一篇　商品と貨幣（下）

第三章　貨幣または商品流通

貨幣論の組み立てをつかむ

今日は、第一篇の「第三章　貨幣または商品流通」です。いわば市場経済の研究の第一段階です。

第一章と第二章では、主に商品の性格、商品交換がどんな意味をもっているか、さらにそこから貨幣がどのようにして生まれるか、を研究しました。

第三章では、貨幣が活躍するようになった商品世界全体の運動論を研究することになります。貨幣が仲立ちをする商品交換を、商品流通と呼びます。ですから、貨幣論と言っても、商品流通論と言ってもよいのですが、マルクスは、その貨幣の役割として、五つの機能をあげ、それを三つの区切りに分けて展開しています。

エンゲルスは、第二部の「序言」のなかで、マルクスの貨幣論について、次のように書きました。

「マルクスは、商品と貨幣との関係を研究して、どのようにして、またなにゆえに、商品に内在する価値属性によって、商品および商品交換が商品と貨幣との対立を生み出さざるをえないかを立証した。この立証の上に築かれた彼の貨幣理論は、最初の完璧な、そしていままでは暗黙のうちに一般的に承認されている貨幣理論である」(『資本論』⑤三三ページ、〔Ⅱ〕23ページ)。

注意してほしいのは、エンゲルスの文章の後半――「最初の完璧な……貨幣理論」という意義づけです。実際、貨幣の役割をこれだけ精密に分析して、その機能を論理的に展開したというのは、経済学の歴史のなかで、マルクスが初めてやりとげた仕事でした。

この貨幣論も、練りに練ったものなのです。その一端を紹介しますと、マルクスが、『資本論』の最初の準備草稿となる『五七～五八年草稿』を書き上げ、これを出版できる原稿に仕上げる仕事にこれからかかるという時に、自分の著作のプランについて、エンゲルスに書き送った手紙があります（一八五八年四月二日付『書簡選集』上・一二二～一二六ページ、全集㉙二四五～二五〇ページ）。そこでは、全体が六巻を予定していること、その最初の巻が「I　資本」となることをまず説明し、「I　資本」の内容の「簡単な概要」に移るのですが、結局、かなり長文のこの解説の大部分を「貨幣」論についやしてしまったのです。そのあとが、「資本」になるはずでしたが、この「資本」については、「これは本来この第一分冊の最も重要な点」だと言いながら、体調が悪くて「今日はもう書けない」といって説明は打ち切られます。

この手紙での「貨幣」の説明では、言葉づかいはちょっと違っていますが、「(a) 尺度としての貨幣」、「(b) 交換手段としての貨幣、または単純な流通」、「(c) 貨幣としての貨幣」という貨幣の機能分析の三つの区分が、ほぼ『資本論』にいま書かれている順序で、姿を現わしています。エンゲルスへの手紙が「貨幣」のところで止まったというのも、貨幣論で自分がどこまで到達したのかを、多少の自慢を含めて報告したかったというところに、案外、マルクスの本音があったのかもしれません。

もちろん、『資本論』公刊の九年も前の手紙ですから、内容の面では、その後変更されたり、より発展させられたりした点は、多々あります。しかし、貨幣論を、三つに区切って、体系的に展開してゆこうということは、この頃から組み立てられていた大構想で、それをさらに練り上げたものが、『資本論』に具体化されているのです。

ですから、第三章の貨幣論をよくつかむためには、マルクスが、どういう区切りとどういう順序で、貨幣のいろいろな機能を説明しようとしているのか、その組み立てを理解することが、たいへん重要になってきます。

ここでは、まず、三つの区分の意味を説明しておきます。

第一の区分「価値の尺度」は、商品の価値のモノサシとしての貨幣の機能です。ここでは、貨幣はまだ商品の現実の交換過程に入ってゆきません。

第二の区分「流通手段」では、貨幣は、商品交換の仲立ちという役目をになって、市場での実際の活動を始めます。ここでは、市場でのこの活動が、いろいろな側面から研究されます。

第三の区分は「貨幣」と題されています。マルクスは、『資本論』では、この部分について、貨幣が、現実に金という姿で現われざるをえない場合を扱うのだと説明していますが、支払手段の問題などを考えてみると、どうもこの説明だけでは整理しきれないものが残るような気がします。この区分は、先ほど紹介した一八五八年の手紙では、「これは形態G—W—W—Gの発展だ。流通にたいして独立な価値定在としての貨幣」（同前『書簡選集』上・一二四ページ、全集㉙二四八ページ）を扱う部分と解説されていました。「流通手段」としては、貨幣は、落ちつく間もなしに、商品交換の仲立ち役を果たしてゆくが、そのなかで、貨幣が一時的にもせよ流通から離れて、独立の立場を占めることがある、その諸形態を研究するのが、この区分の主題だということでしょう。これも、補助的な説明としては、意味をもちうるように思います。ともかく、これらの立場から、「貨幣蓄蔵」、「支払手段」、「世界貨幣」の三つの機能が取り上げられます。

貨幣の機能を分析してゆくマルクスのこの順序だてを頭において読んでゆくと、第三章の見通しがかなりよくなるはずです。

第一節　価値の尺度

価値のモノサシとしての貨幣の機能は、すでに第一章でよく見てきたことです（本冊一四〇〜一四一、一七四〜一八一ページ）。だから、第一節は、ある意味では、これまで学習したことのお復習い（さらい）のつもりで、読んでゆけるはずです。

貨幣（金）が価値のモノサシだということは、みなさんが、日常やっていることです。お店にゆけば、商品に何万何千何百円といった値段がついています。これは、貨幣をモノサシにして、その商品の価値を計っているということです。この機能は、それだけの貨幣が現実になくても果たせます。また、何億円という額の貨幣（金）を実際には手にしたことのない記者が、新聞紙上では、何百、何千億円ものお金にかかわる記事を平気で書き、読者もそれを読む。マルクスは、このことを、「金による商品価値の表現は観念的なものであるから、この操作のためには、……貨幣は、ただ表象されただけの、または観念的な貨幣として役立つのである」（『資本論』①一六九〜一七〇ページ、〔Ⅰ〕110〜111ページ）と言い表わしています。

マルクスは、そこから、「価値の尺度」という機能についての精密な分析を始めます。その一つに「度量基準」とその歴史についての解明があります。

金がモノサシの役目を果たすためには、「度量基準」、つまりモノサシの目盛りが必要になります。その目盛りの単位は、最初は貨幣に使われる貴金属の重量で決められました。その説明のなかで、イギリスの貨幣単位であるポンド（ポンド・スターリング）は、最初に銀が貨幣材料に使われた時、重さ一ポンドの銀を表わすという意味で決められた単位であることが、教えられます。つまり、重さ一重量ポンドの銀でつくった銀貨が、一ポンド貨幣だったのです。やがて金がその銀に代わって貨幣材料の地位を占めるようになった時、貨幣の単位としてのポンドは、重量の単位としての重量ポンドとの直接の関係を失います。さらに、銅から銀へ、銀から金へといった貨幣材料の交代にくわえて、外国貨幣の輸入や、王侯（おうこう）による貨幣の変造などが、貨幣名と金属重量との関係をいよいよ引き離してゆきます（同前一七六ページ、〔Ⅰ〕114〜115ページ）。

そのあいだに、金と銀が価値の尺度として併用される複本位制〔★94〕についてのマルクスの記述があります。これは、日本史の理解にも関連する部分なので、そこの「注五三」に引用された『経済学批判』からの引用とともに、注目に値します（同前一七一～一七二ページ、〔Ⅰ〕111ページ）。

最後の部分にある「価格」形態についての考察も重要です。市場では、商品の価格はその価値といつも一致するというものではありません。需要と供給の関係などによって、市況はたえず変動します。マルクスは、価値よりも高くなったり低くなったりするというこの可能性が、もともと価格形態そのもののなかに存在していること、そのことは価格形態の欠陥ではなく、こういう性格があるからこそ、価格形態が、価値法則をはじめ市場経済の諸法則の貫徹にかなった形態となりうるのだ、ということ、を強調しています。

「価格と価値の大きさとの量的不一致の可能性、または価値の大きさから価格が背離する可能性は、価格形態そのもののうちにある。このことは、価格形態の欠陥ではなく、むしろ逆に、価格形態を、一つの生産様式に――規律が、盲目的に作用する無規律性の平均法則として

★94　**複本位制**　一国で、価値尺度ならびに価格の度量基準として用いられる貨幣を本位貨幣と言う。本位貨幣は通常は一つだが、二つまたはそれ以上の貨幣を本位貨幣とする国もあり、その貨幣制度を「複本位制」と呼ぶ。

のみ自己を貫徹しうる一つの生産様式に――適切な形態にするのである」（同前一八一ページ、〔I〕117ページ）。

需要が供給を上回ったら価格が価値以上に上昇する、逆の場合には下落する。こういう変動が目に見える形であるから、市場は需要と供給を一致させる調節作用を果たすことができます。これが、価値法則の働きで、現実の市場では、価値は変動する価格の「平均」として現われます。これにたいして、価格が価値に固着して身動きのできないものだったら、この調節作用は働くことができません。マルクスは、その事情を指して、価格形態は、価値に固定されない弾力性をもっているからこそ、諸法則が「無規律性の平均法則」として貫徹する生産様式にぴったりあった形態なのだ、と特徴づけたのです。

『資本論』の目で日本の貨幣の歴史を見る

マルクスは、世界各国の貨幣の歴史をたいへんよく研究して、その成果が『資本論』の貨幣論にも大いに生かされていますが、実際、貨幣の単位の歴史をとっても、それぞれの国には、マルクスの興味をかきたてるだけの面白さがありました。

われわれも、『資本論』で展開された貨幣論を頭に入れた上で、ここで、日本の貨幣の歴史を見ることにします。まず年表をつくっておきました。この年表は、大蔵省の造幣局長をやっていた久光重平さんという方の『日本貨幣物語』（一九七六年、毎日新聞社）での記述からつくったものです。これを見ると、『資本論』の裏付けになるような、いろいろな歴史が分かってきます。

〔付表〕**日本の貨幣史・年表**

八世紀（奈良）～一〇世紀半ば（平安中期）

　皇朝十二銭――和同開珎（七〇八年）から乾元大宝（九五八年）まで。

　〔その後、先行する可能性のある「富本銭」が発見された〕。

無鋳貨時代。物物交換あるいは稲・布などを貨幣とする経済にもどる。

中国銭の輸入。平安末期に始まる。永楽通宝（明・一四〇八年発行）。

戦国時代――最初は秤量貨幣。目方で切って使う。金の計量単位としての「両」の始まり。最初は「一両・四匁五分」。

江戸時代。全国統一通貨の始まり。慶長の幣制（一七世紀はじめ）。

　金　一両（金四匁）――分（金一匁）――朱（金１／４匁）。

　銀・銅も併用。

貨幣改鋳。元禄八年（一六九五年）。以後、改鋳の連続。

一八七一年（明治四）新貨条例。円・純金重量1・5グラム。銭・厘。

一八九七年（明治三〇）貨幣法。円・純金0・75グラム。

ドル・純金約1・5グラム。

ポンド・純金約15グラム。

それ以後、一九一四年の第一次世界大戦開始までは、円を金と兌換(だかん)することができた。

一九一七年（大正六）金本位制が停止され、円は金と兌換できなくなった。

その後、金本位制に復帰したことはあったが一時的（一九三〇～三一年）。

第二次世界大戦後も、今日まで、円は、金との固定した交換比率をもたず、金との直接の兌換ができない状態が、続いている。


経済条件を無視した金属貨幣の失敗（**皇朝十二銭**）。この本によると、日本で金属貨幣の鋳造がいちばん最初に問題になるのは、八世紀のことです。そのころは、民衆の生活では、自給自足と物物交換が主で、そのなかで、稲や布が貨幣の役目をする状態が広がっていました。マルクスのいう、「一般的等価形態」が「あれこれの商品に、かわるがわる、かつ一時的に帰属する」段階（『資本論』①一五八ページ、〔Ⅰ〕１０３ページ）です。そういう時に、八世紀に政府が貨幣の鋳造を始め（最初の貨幣が和同開珎）、一〇世紀半ばまでに一二種類の貨幣を鋳造したことが、記録に残っています。少し前に、富本銭という、さらに年代の古い鋳貨が見つかりましたが、ともかく記録にも残り現物の裏付けもあるものが、「皇朝十二銭」と呼ばれるこれらの貨幣でした。

この貨幣鋳造は、中国のマネをして始めたことですが、当時の日本では、商品経済が金属貨幣を必要とするところまで発達しておらず、その土地土地の事情に応じて、稲や布などを貨幣がわりに使うことで間に合っていたのです。そこへ政府が貨幣づくりを始めて、「さあ、これを使え」と号令をかけるのですが、一般には使われない。都とその周辺ではある程度使われても、地方へ出るともう通用しない。そのころ、宮殿や古墳をつくるために、地方から都に動員された人たちが、郷里へ帰る時、賃金を貨幣でもらうのですが、帰りの道すがら貨幣を使おうとしても誰も受け取ってくれない、そのために餓死してしまったという話もあります。政府の権威で通用させようと思っても、経済の条件が熟さなければダメなのです。

こうして、いったん金属貨幣の時代の扉を開きながら、それが無理な計画だったために、一〇世紀の後半以後、ふたたび金属貨幣のない段階にもどってしまうという、世界でもあまり例のない歴史があるのです。政府による貨幣鋳造が中止されたらどうなったかと言うと、結局、以前のように、稲や布を貨幣として使うことになりました。

輸入した中国銭で数百年も間に合わせていた。ところが、それから二～三世紀もたちますと、商品経済が盛んになってきて、貨幣がいよいよ必要となる時代がやってきました。しかし、そのころは、平安末期から源平の争乱にかかる頃で、今度は、貨幣をつくるだけの安定した力をもった中央政府が、存在しなくなっていました。では、どうしたのか。中国から貨幣を輸入して、それを日本の貨幣として使う、こういうことが始まって、この状態が鎌倉時代から室町時代、戦国時代と何百年も続きました。

戦国時代、のちに豊臣秀吉〔★95〕となる日吉丸が親の家を出る時、父親から永楽銭でお金をもらったという話があります。日本には「永楽」〔★96〕という年号はなく、これは中国の年号です。中国からの輸入銭を使っていたということは、こんなところにも、顔を出しています。

この戦国時代の頃から、金や銀が取引に使われるようになりますが、最初は「貨幣」の形ではなく、鋳造しないままの金や銀を、切って使っていました。こうして切り取られた金の量を計る単位として、「両」という単位名が生まれました。「両」というのは重さの単位ですが、「両」を単位として最初に使ったのは、秦の始皇帝（前三世紀）〔★97〕だと言いますから、中国でもずいぶん古い時代に属するものです。その「両」が、ほぼ二〇〇〇年ほど後代の日本で、金を計る単位として採用されたというのは、歴史の変転の面白さでしょう。

「両」という重さは、四匁です。日本的な目方の基準となった尺貫法では、重さの基礎単位は「匁」で、一匁が三・七五グラムにあたります。一〇〇〇匁で一貫目、いまの単位で三・七五キログラム。一両＝四匁は一五グラムになります。最初は、両＝五匁という地方もあったようですが、だんだん一両＝四匁で統一されてゆきました。

そのうち、戦国大名で力のある者、あるいは領内に金山（きんざん）を持っている者は、金を切って目方を計って使うという段階から、金から貨幣を鋳造し、自分の領内で地方的通貨として通用させる段

★95　**豊臣秀吉**（一五三七〜九八）　織田信長（＊1）のあとをうけて、一五九〇年、天下統一の事業を完成させた。九二年以後、二度にわたって朝鮮侵略の戦争を起こし、その失敗のなかで病死した。

＊1　**織田信長**（一五三四〜八二）　戦国時代の尾張の大名。一五六八年、京都に入り、一五八〇年までに畿内を掌握したが、一五八二年、中国筋へ出陣の途中、宿舎を明智光秀（＊2）に襲われ、自害した（本能寺の変）。

＊2　**明智光秀**（?〜一五八二）　戦国時代の武将。織田信長に仕え、日向守、丹波城の城主。本能寺で信長を自害させたが、わずか一三日で豊臣秀吉に敗れ（山崎の合戦）、敗走の途中、農民に殺された。

★96　**永楽**　中国の明時代に使われた年号（一四〇三〜二四年）。

★97　**始皇帝**（紀元前二五九〜前二一〇）　秦の初代皇帝。前二二一年、中国史上最初の統一国家を築いた。

階に進みます。甲州の武田家〔★98〕は、多くの金山を持っていましたから、その点でも代表的な存在で、いまでも「武田金」の埋蔵金を探すことが話題になったりします。しかし、戦国時代には、全国統一の通貨をつくる条件はありませんでした。

全国統一通貨の体制（両・分・朱）。全国統一通貨ができたのは、一七世紀の初め、徳川幕府のもとでです。稲や布が「かわるがわる」の貨幣商品となった時代から見れば一〇〇〇年以上、商品経済が金属通貨を要求する段階を迎えてからでも四〇〇年かかって、ようやく「貨幣形態」が「生まれながらにして一般的等価物という社会的機能に適している商品に、すなわち貴金属に移っていく」（同前一五九ページ、〔I〕１０４ページ）段階に到達したのです。

最初の貨幣制度は、一七世紀の初め、慶長年間（一五九六〜一六一五年）に確立されました。その時、一両は金四匁（一五グラム）とする、金一匁をもって一分とする、金四分の一匁をもって一朱とする、という貨幣単位の仕組みが決められました。「分」とか「朱」とかいうお金の単位は、テレビの時代劇でもおなじみですが、四朱で一分、四分で一両という関係になっています。

江戸時代には、金と同時に、銀や銅も通貨として使われました。銅の通貨は銅銭。銀は独特の単位で〝何分銀〟として使われました。この時代は、金と銀を併用したので、貨幣制度がたいへん複雑になったのです。

こう見てきますと、貨幣の度量単位は、最初は地金（じがね）の重さで決められたというマルクスの説明が、日本の貨幣の歴史にも、そのままあてはまることが分かります。さらに、「金属重量の貨幣名は、さまざまな原因から、それらの最初の重量名からしだいに離れる」というマルクスの指摘（同前一七六ページ、〔Ⅰ〕114ページ）も、やはりこの時代に再現します。マルクスは、その原因の一つに、「王侯による貨幣の変造」（同前、〔Ⅰ〕115ページ）をあげました。つまり、財政が苦しくなった国王が、金の分量を減らした貨幣をつくるために、貨幣の値打ちが下がり、一ポンド金貨がもはや金一重量ポンドの値打ちをもたなくなる、ということですが、徳川幕府も、財政に困って、イギリスの国王たちと同じことをやりだしたのです。最初は、元禄の時代の貨幣改鋳（一六九五年）で、小判のなかの金の量をそれまでの三分の二に減らしました。そうすれば、小判の値打ちは確実に下がり、物価が上がります。そういうことが、ずっと繰り返されましたから、幕末になると、「一両」小判と言っても、金四匁とはかけはなれた低い値打ちしかもたなくなりました。絶大な権力をもった将軍家といえども、『資本論』に描かれた貨幣経済の法則の作用を免れることはできなかったのです。

★98　**武田家**　甲斐（かい）（現在の山梨県）の戦国大名。もとは常陸（ひたち）（現在の茨城県）の出で、一二世紀に甲斐に流され土着した。鎌倉時代に甲斐の守護となり、戦国期に武田信玄（しんげん）（一五二一～七三）が中部地方一帯に領国を形成した。

時代劇で、金座・銀座〔★99〕の役人と大両替商などが結託して、貨幣改鋳の悪だくみをやる話にぶつかるでしょう。そういう時には、「ああ、『資本論』に書いてあったとおりだ」（笑い）と思って見てもらえば、時代劇も勉強になるのです。

『資本論』が書いた貨幣経済の法則と言えば、もう一つ面白いことがあります。マルクスは、「価値の尺度」のなかで、「金と銀とが同時に価値尺度として使われ」る場合の問題を検討しています（同前一七一ページ、〔Ⅰ〕111ページ）。金と銀の値打ちの割合が、たとえば金は銀の四倍と決まっていて変動がなければ、両方を併用していても、不都合は起こりません。ところが、その価値比率に変動が起きると、否応なしにいろいろな矛盾が起きてきます。

江戸時代には、併用と言っても、江戸や関東では金を主に使い、関西では銀を使うというように、地方的な慣習の違いもあったようで、いろいろな矛盾をもちながらも、ともかくも両立させていました。そこに大変動が起こったのは、幕末にヨーロッパとの接触が始まったことでした。金と銀の価格比率が大違いで、日本での銀の値打ちはヨーロッパの四倍にものぼったために、ヨーロッパの商人たちが、日本に銀をもちこんで金を買うという取引を系統的、かつ大規模に行なったのです。こうすれば、銀を売り金を買うだけの貿易で途方もない大もうけができたわけで、正確な計算ではありませんが、何十万両もの金が海外に流出したと言われています。

こんなことでも、マルクスが『資本論』で指摘した金と銀の併用制度（複本位制）の混乱は、江戸時代の日本にも確実に作用したのです。

円を中心にした通貨制度（明治以後）。徳川幕府が倒れ、天皇制政権ができると、通貨制度も一新しようということで、「両」を中心とした体系から「円」を中心とした体系への切り替えが行なわれました。

この「円」も、一八七一年（明治四年）、最初に制定した時には、慶長年間の「両」の発足の時と同じく、「一円＝金一・五グラム」と規定しました。

しかし、その二六年後、一八九七年に貨幣法をつくった時には、「円」の値打ちを半分に下げて、「一円＝金〇・七五グラム（二匁）」としました。

第一次世界大戦までは、円のお札を持っている人が、金に換えてくれと言えば、「一円＝金〇・七五グラム」の割合で金に換えてくれることになっていました。これを「兌換制」と言います。しかし、この「兌換制」は大戦中に停止され、「円」と金との関係は断ち切られました。一九三〇年に一度、兌換制を復活させるのですが、長持ちせず、一年あまりでダメになりました。それ以後、今日までの約七〇年間、国際的な通貨制度としてはいろいろな変化があったものの、日本の国内の仕組みとしては、「円」と金との直接の縁は断ち切られたままです。

★99　**金座・銀座**　江戸時代、幕府が設けた組織。金座は金貨鋳造を、銀座は銀貨鋳造などを管理した。

以上のようなあらましの歴史を頭において、マルクスの貨幣論を読むと、日本の歴史を見るうえで参考になる角度がいろいろと出てくると思います。その意味で、本冊二三九～二四〇ページの年表も活用してみてください。

第二節　流通手段

ここでは、貨幣は、商品の価値を計るモノサシという役目――その意味では、頭のなかでの存在――から抜け出して、現実の商品世界に入り込んで、生産物交換（物物交換）を貨幣を媒介にした商品流通に転化させる役割を果たします。マルクスは、商品の流通過程で果たす貨幣のこの役割を、「a　商品の変態」、「b　貨幣の通流」、「c　鋳貨。価値章標」の三つの角度から研究します。

a　商品の変態

生産物交換と商品流通との違い

まず最初の「a　商品の変態」ですが、ここは、商品経済の矛盾、とくに恐慌の問題を理解するうえでたいへん大事な位置をしめるところなので、前回、商品論の冒頭でやったように、節を区切っての逐条的な説明を試みてみましょう。行の代わる段落ごとに番号をつけてゆくと、全部で二三の区切りに分かれるはずです。そのうえで、内容的にまとめながら、解説をしてゆきます。

（イ）〔第一の区切り〕。マルクスはここで、商品の交換過程には、たがいに矛盾する中身がある、商品の発展は、この矛盾を取り除くのではなく、それらの矛盾が運動しうる形態、運動してゆく形態をつくりだす、ということを、述べています。非常に抽象的な言い方なのですが、これからの研究の方向づけをした、たいへん大事な文章です。

物事のとらえ方で、弁証法と形而上学（けいじじょうがく）という二つの方法がよく問題になります。形而上学的な考え方、とらえ方で見ると、矛盾するものは存在しえないのです。あるものを研究して、そこにたがいに排除しあう、対立しあう矛盾物を見つけたら、「それは存在しえない」、かりにいま存在したとしても、矛盾のためにこわれてしまって、「存続できない」、こういう答えを出します。ところが、弁証法は違うのです。物事のなかに、矛盾し合うものを見つけたら、その矛盾によって、その物事のどういう運動形態がつくりだされるか、つくりだされた運動形態のなかで、矛盾がどのように発展してゆくのかを研究します。弁証法的な見方、とらえ方では、矛盾は運動を生み出し発展させる原動力なのです。

マルクスは、商品について、そこに価値と使用価値という矛盾を見いだし、商品を生産する労働も、それに対応して、抽象的人間的労働と具体的有用的労働という矛盾しあう二つの側面をもつことを発見しました。この矛盾は、これまでの研究でも、商品という存在を崩壊させるわけではなく、商品世界のなかに貨幣を生み出す原動力として働きました。そして、われわれは、マルクスとともに、商品の価値形態が貨幣形態へと発展してゆくなかで、価値と使用価値の矛盾、人間の労働がもつ二つの側面のあいだの矛盾も、より進んだ形態へと発展をとげることを見てきました。これが、マルクスのいう「一般に、現実的諸矛盾が自己を解決する方法」（『資本論』①一八四ページ、［Ⅰ］118ページ）なのです。

貨幣の登場によって新たな段階を迎えた商品流通の運動、市場経済の運動も、こういう姿勢で研究してゆくつもりだという予告を、マルクスはこの冒頭の一節で行なっているわけです。

なお、マルクスは、分かりやすい例解として、ここで矛盾が運動のなかで解決される一つの実例を提供しています。それは、惑星の運動に示される矛盾です。惑星は、太陽の引力に引かれて、太陽の方向に落下しようとする性質をもっています。同時に、惑星自身の運動は、太陽から飛びさろうとする力も、惑星に与えています。「一つの物体〔惑星〕が絶えず他の物体〔太陽〕に落下し、しかも同時に絶えずそれから飛び去るというのは、一つの矛盾である」（同前一八四～一八五ページ、〔Ⅰ〕１１８～１１９ページ）。そこから何が生まれたか。矛盾があるから、惑星が自己破綻をとげるとか、運動不能におちいるのではありません。この矛盾は、太陽のまわりを、楕円軌道を描いて運動する、という運動形態を生み出しました。この運動形態には、落下の傾向と飛び去る傾向がともに反映され、実現されてもいるし、矛盾はこの形態のなかで解決されてもいます。「楕円は、この矛盾が自己を実現するとともに解決する運動諸形態の一つである」（同前一八五ページ、〔Ⅰ〕１１９ページ）。

ここには、マルクスが、これから貨幣をともなう商品流通を研究する方向が示されています。貨幣を生み出すところまで発展した商品経済の矛盾が、どのような運動形態を生み出すことによって、その矛盾を「実現するとともに解決する」のか、その運動形態を探究しようということです。そのことを確認して、次に進みましょう。

（ロ）〔第二の区切り〕。ここでは、この節の研究対象が明記されています。交換過程を研究するのだが、交換が終わったあと、商品が入ってゆく消費の部面は、ここでの研究の対象ではない、研究の対象は商品の交換そのものだ、ということです。

マルクスがここで、商品の交換について、新しい言い方をしていることに、注意してください。商品交換は、結果から見ると、その商品を、自分では消費しない人（その人にとっては非使用価値）の手から、それを消費しようとする人（その人にとっては使用価値）の手に移すことです。マルクスは、商品交換のその側面を、「社会的素材変換」（社会のなかで、商品を消費される場所に移すこと）と呼んでいます。また、商品自体の運命から言えば、それはある使用価値をもった生産物が、別の使用価値をもった生産物に取ってかわることで、マルクスは、この側面を「商品の変態」と呼んでいます。

（八）〔第三～第四の区切り〕。最初は、これまでの経済学で、商品の交換という問題がよく理解されてこなかったのは、金の登場に惑わされて、商品交換の本質がつかめなかったからだ、という指摘です。マルクスは、続く文章で、貨幣が生み出されたことによって、交換過程で何が生まれたかを述べますが、これは、第一章、第二章をきわめて簡潔に要約したものです。ここまでが、いわばこの節の序論です。

（二）〔第五～第八の区切り〕。いよいよ商品所有者（この場合、リンネル織布者）の出番です。彼がもっているのは、例によって商品リンネル二〇エレで、それを家庭用聖書と交換したい、というのが、市場での取引の目的です。物物交換の場合だったら、聖書をもっていて、リンネルを欲しいという相手を見つけなければなりませんが、貨幣が登場した今日では、様子はまったく違ってきました。まず、彼は、リンネルがほしいという相手を探して商品リンネルを売り、その代金として二ポンドの貨幣を手に入れます。次は、自分の「信仰欲望」を満たすために（このあたりが、宗教論のところで触れた、マルクスの皮肉な調子の一つです）、この二ポンドを家庭用聖書と交換します。これで、この日の彼の商行為は終わりです。

この結果は、リンネル織布者にとってみると、生産物交換の場合と変わりません。自分にとっての非使用価値であるリンネルを、使用価値である聖書と交換したわけで、貨幣はその仲立ち（媒介）として役立っただけです。

しかし、図式に描いてみると、生産物交換と商品交換の違いがはっきりします。

商品をW、貨幣をGで表わします。これは、どちらも、ドイツ語の頭文字をとったものです（商品はヴァーレ〔Ware〕、貨幣はゲルト〔Geld〕ですから）。

生産物交換の場合は、取引は、W—W　で表わされます。

商品交換の場合には　W—G—W（買うために売る）で表わされます。

W—G—Wから、媒介役のGを抜いた「素材的内容」は、生産物交換のW—Wと同じになってしまうのですが、実際の取引の過程は、貨幣Gが登場したために、W—G（販売）とG—W（購買）の二つの変態に分かれています。問題は、ここまでつきとめられました。いよいよここから、貨幣が登場する市場経済についての、マルクスの本格的な究明が始まります。

商品の〝命がけの飛躍〟

（ホ）〔第九～第一〇の区切り〕。まず最初の変態（W—G）、商品の販売を見てみましょう。W—Gと図式で書けば、簡単なのですが、市場にでかけた生産者が、商品のリンネルを売れるかどうか、これは、たいへんな難事業なのです。マルクスは、『経済学批判』（一八五九年）で初めて商品論、貨幣論を書いた時に、これを〝命がけの飛躍（サルト・モルターレ）〟と呼びました。なぜ、〝命がけ〟なのか。前回説明したように（本冊一五七～一六〇ページ）、リンネルの生産者は、社会的分業の一翼を客観的には担っており、社会のなかには、自分の生産物に対応する消費の欲求が必ずあるものだと考えて、リンネルを生産したわけですが、その商品を生産した彼の労働が本当に「社会的分業の一分肢」であるかどうかは、生産物が実際に売れることを通じてしか、証明されません。それが、「自然発生的な生産有機体」である商品経済社会の、いわば宿命なのです。そこでは、労働が社会の実際の欲求に対応するかどうかは、「商品生産者たちの背後で織られた」（あるいは引き続き織られつつある）諸事情の「網の目」によって決まってくるのです（『資本論』①一八八ページ、〔Ⅰ〕121ページ）。

かりに、ある生産者が、これまでは、商品をうまく販売して、自分の労働が、社会的分業の必要な一部であることを実証してきたとしても、だからと言って、次の段階で、市場で売ろうとしている商品について、同じことを言える保証があるとは言えません。

マルクスは、あてがはずれるかもしれない要因を、ずっと数えあげてみせます〔同前一八八～一九〇ページ、〔Ⅰ〕121～122ページ〕。

――いま売りにだそうとしている商品は、ある新しい労働様式の生産物であって、新たに生まれた欲求を満たすか、新しい欲求を呼び起こすかをあてにしてつくったのだが、思いどおりにはゆかないで、新しいお客さんは見つからないかもしれない。

――今日、売りに出そうとしている商品が、昨日まではある商品の生産に必要な作業の一部分を独立させた部分生産物だという場合もある。こうして機能の一部を独立させる条件が熟している場合には、成功の可能性があるが、熟していない場合には失敗せざるをえない。

――この商品は、今日は、ある社会的欲求を満たしているが、明日になったら、その欲求を満たす、よりすぐれた、あるいはより安い商品が登場して、いままで占めていた地位を追われるかもしれない。

――その商品をつくる労働が、社会的分業の一部として公認されているような場合でも、競争相手が生産を増やして、社会的な必要を先に満たしてしまっているかもしれない。その場合には、彼の商品は、過剰な生産物だということになり、売れたとしても、安売りを余儀なくされるようにもなる。

ここでは、まだ資本家は出てきていませんから、個人的な商品生産者の話だと思って読むのですが、マルクスがここであげている事情の中身を見ると、これは全部、資本主義の諸企業が市場でいつもぶつかる困難です。第一の事情は、企業の新製品の開発が成功するか失敗するかの問題、第二の事情は、これまでの中間製品を新たに独立した商品として売り出すベンチャー企業の問題、第三、第四の事情は、企業間の激烈な販売競争の問題、などなどです。つまり、一見、個人的な生産者の問題として書いてはいるが、マルクスは、明らかに、資本主義的商品経済で、企業がぶつかる〝命がけの飛躍〟の実態を、リアルな筆致で叙述しているのです。

締めくくりは、「こうして商品は、貨幣を恋い慕うが、『〝まことの恋が平穏無事に進んだためしはない〟』」（同前一九〇ページ、〔Ⅰ〕122ページ）という名文句で始まります。これは、シェークスピア〔★100〕の「夏の夜の夢」に出てくるせりふだとのことで、ここになぜシェークスピアがと思う向きもあるかも知れませんが、思いがけないところに古典文学の蘊蓄が出てくるのが、マルクス流なのです。しかも、マルクスは、「告白」という娘たちの質問遊びで、「いちばん好きな詩人は」と聞かれて、すぐさま「シェークスピア」と答えたほどのシェークスピア好きでしたから（全集㉛四九五ページ）。『資本論』の第一部だけでも、シェークスピアの名文句は、このほか一〇回ほど出てきます。

それに続くのが、こんどは、古代ローマの詩人ホラティウス〔★101〕の『風刺詩』の一節「ひき裂かれたる四肢」です。ギリシアやローマの詩人たちも、マルクスは好んで愛誦しました。ここでは、マルクスは、商品の貨幣への変態の困難さをシェークスピアで、そして、その根底にある社会的分業の商品生産の社会的な特質をホラティウスで表現しようとしたのです。「ひき裂かれたる四肢」というのは、生産者たちが、社会的分業の体系に組み込まれ、この「生産有機体」の四肢の一部をなしているはずなのに、いざ市場に出てみると、自分が「四肢」の一部であるかどうか分からない「ひき裂かれた」状態に悩む、ということです。

こういうことが起きる根源は、第一章ですでに分析してきた、商品生産社会という「社会的生産有機体」の性格の内にあります。そこでは、多くの生産者が多岐にわたる社会的分業で社会全体の多様な欲求を満たすのですが、この分業体系の編成は、量的にも質的にも自然発生性と偶然性にまかされており、生産物が自分を必要とする社会的欲求に出会う交換行為の一つ一つが、いつも〝命がけの飛躍〟という苦難の冒険をともなうのです。

商品世界の社会的分業について、その自然発生性・偶然性を指摘する時、マルクスの頭のなかには、未来社会――分業がこういう自然発生的な形態をとらず、一人ひとりが社会的生産のなかでの自分の持ち分を自覚している社会――との比較論が、おそらく浮かんでいるのではないでしょうか。ここには、共産主義社会などの言葉はありませんが、未来社会への展望が、資本主義社

★100　**シェークスピア**、ウィリアム（一五六四～一六一六）　イギリスの劇作家。

★101　**ホラティウス**、クィントゥス・フラクス（紀元前六五～前八）　古代ローマの詩人。

会の歴史的な特殊性、限界性を浮き彫りにする視点を、いわばカゲから提供しているのでした。

〔解説〕**『資本論』とシェークスピア**

『資本論』第一部では、こんなところにシェークスピアが顔を出します。

第一篇第一章　『ヘンリー四世』〔◆1〕
　　　　　　『から騒ぎ』
第三章　『夏の夜の夢』
第二編第四章　『アテネのタイモン』
　　　　　　『お気に召すまま』
第三篇第八章　『ハムレット』
　　　　　　『ヴェニスの商人』
第四篇第一三章　『から騒ぎ』
　　　　　　『ヴェニスの商人』

どんな登場の仕方をしているのか、読みながら探してみてください。

〔解説〕**『資本論』と古代ギリシア・ローマの詩人たち**

やはり、第一部に出てくる古代ギリシア・ローマの詩人たちとその作品を紹介します。

序言	ホラティウス『風刺詩』
第一篇第一章	ホメロス〈◆2〉『イリアス』
第三章	ソフォクレス〈◆3〉『アンティゴネ』
	ホラティウス『風刺詩』
第二編第四章	ウェルギリウス〈◆4〉『アエネイス』
第三篇第八章	ホメロス『オデュッセイア』
	ホメロス『イリアス』
	ホラティウス『風刺詩』
	ウェルギリウス『アエネイス』
第四篇第一二章	ホラティウス『風刺詩』
	ホメロス『オデュッセイア』
第一三章	オウィディウス〈◆5〉『愛の技術』
第七篇第二三章	ウェルギリウス『アエネイス』
	ホラティウス『詩学』
	ホラティウス『エポーディ』

第二四章　オウィディウス『祭暦（さいれき）』
ウェルギリウス『アエネイス』

◆1　**ヘンリー四世**（一三六七〜一四一三）　ランカスター家から出た最初のイングランド王。在位一三九九〜一四一三年。

◆2　**ホメロス**（前八世紀頃）　古代ギリシアの伝説的な叙事詩人。叙事詩『イリアス』と『オデュッセイア』がその作品とされている。

◆3　**ソフォクレス**（紀元前四九七頃〜前四〇六頃）　古代ギリシアの悲劇詩人。

◆4　**ウェルギリウス・マロ、プブリウス**（紀元前七〇〜前一九）　古代ローマの詩人。

◆5　**オウィディウス・ナソ、プブリウス**（紀元前四三〜後一七頃）　古代ローマの詩人。

商品交換が「商品流通」に発展する

（へ）〔第一一〜第一九の区切り〕。マルクスは、商品の苦難の冒険の吟味はこの程度にとどめ、ともかくその過程が正常に進行するとして、分析を次に進めます。

リンネルの生産者がリンネルを売るという販売行為（W―G）は、相手の側から言えば、リンネルを買うという購買行為（G―W）です。その意味では、商品の変態の過程は、いつも二面的で、販売は購買なのです。

そう見てくると、生産物交換の場合とはまったく違った光景が、目の前に現われてきます。リンネルを買った人物は、その貨幣を、何か自分の商品、たとえば小麦を売って手に入れたに違いありません。また、リンネルを売った織布者が、その貨幣で家庭用聖書を買ったことは、すでに見ました。聖書を彼に売った人物は、その貨幣で、今度はウィスキーを買うかもしれません。こうして、次に図で示す一系列のW―G―Wが出てきます。

小麦の売り手のW―G―W。小麦―貨幣―リンネル。

リンネルの売り手のW―G―W。リンネル―貨幣―聖書。

聖書の売り手のW―G―W。聖書―貨幣―ウィスキー。

この系列は、先の方でも後の方でもどこまでも続くはずです。そして、この一連のW―G―Wで、商品交換の仲立ちをするのは、すべて同じ貨幣です。生産物交換の場合には、交換はそれきりで終わる個別的な行為でした。ところが、商品世界で貨幣が活躍するようになると、一つ一つの商品の売買において、ある人にとっての販売が他の人にとっての購買になり、その関係が次々とつながって、商品系列の無限の連鎖を生み出します。しかも、一人の生産者は、自分の多面的な欲求に応じて、種類の異なる多くの商品を買うのですから、商品の変態系列のこの連鎖は、いわば商品世界の四方八方につながってゆくのです。マルクスは、この過程の全体をさして、「商品流通」と呼びます。

「こうして、各商品の変態系列が描く循環は、他の諸商品の諸循環と解けがたくからみ合っている。この総過程は、商品流通として現われる」〔『資本論』①一九七〜一九八ページ、〔I〕126ページ〕。

（ト）〔第二〇〜二一の区切り〕。ここから、「商品流通」のいくつかの重要な特徴が出てきます。

生産物交換の場合には、リンネル織布者は、自分が欲しい使用価値の生産者で、同時に、リンネルへの欲求をもつという、二重の条件をそなえた相手としか取引できませんでした。これは、彼の販売行為に、非常にせまい制限を課すものでした。しかし、貨幣を仲立ちとする商品流通では、この制限は取り払われます。リンネルへの欲求をもち、それに必要な貨幣をもっている相手なら、誰とでも取引できることになったからです。それは、同時に、生産者たちのあいだの、直接には目に見えない社会的関連を抜本的に広げる結果となります。

「商品流通においては、一面では、商品交換が直接的な生産物交換の個人的な、また場所的な制限を打ち破り、人間的労働の素材変換を発展させる。他面では、当事者たちによっては制御不可能な、社会的な、自然的諸連関が全範囲にわたって発展する」〔同前一九八ページ、〔I〕

同前）。

また、無数の商品交換の仲立ちをする貨幣が、取引をいくら繰り返そうと、流通部面から抜け出ることはなく、いつまでも、流通部面にとどまり続ける、ということも、商品流通の特質です。

「貨幣は、商品が立ちのいた流通上の場所につねに沈澱（ちんでん）する」（同前一九九ページ、〔Ⅰ〕１２７ページ）。

商品流通のなかで恐慌の最初の可能性が生まれる

（チ）〔第二二の区切り〕。ここは、商品世界論のもっとも重要なところです。マルクスは、それまでの商品流通の分析を、ここで、恐慌の可能性が存在している、という重大な結論に発展させるのです。

マルクス以前の古典派経済学には、こういう議論がありました。

〝物を買うということは、逆に言えば、売ることだ。ある生産者が市場にゆけば、売っただけのものを買って帰ってくる。どの購買も販売であり、どの販売も購買なのだから、商品流通の世界では、購買と販売は必ず釣合いがとれるはずだ〟。

これは、ジェームズ・ミル〔★102〕という経済学者が言い出して、リカードウも受け入れた議論で、古典派経済学の〝恐慌ありえない〟論のいちばんの根っことなった議論でした。

しかし、この議論は、決定的なこと――商品流通と生産物交換の違いを見落としたドグマ（独断論）でした。生産物交換では、購買と販売は確実に一致します。しかし、商品流通では、貨幣を媒介として、購買と販売が、二つの行為に分離・分裂しているのです。だから、ある生産者が、二ポンドの貨幣をもって、自分の欲しい商品を買ったとしても、そのことは、自分の商品（二ポンド）が、買い手を見いだせる保証にはまったくならないのです。このことを、マルクスは、次のような言葉で指摘します。

「流通は生産物交換の時間的、場所的、個人的制限を打ち破るが、そうするのはまさに、流通が、生産物交換の場合に存在する、自分の労働生産物の譲渡と他人の労働生産物の入手との直接的同一性を販売と購買との対立に分裂させることによってである」（『資本論』①二〇〇ページ、〔Ⅰ〕127ページ）。

すなわち、生産物交換が商品流通に変わった瞬間から、古典派経済学の〝恐慌ありえない〟論、購買と販売の無条件一致論は、成り立つ根拠を失ってしまったのです。これは、言い換えれば、商品流通のなかには、明らかに恐慌の可能性が存在する、ということです。

われわれは、商品の分析にとりかかった最初の時から、商品のなかに内在的な対立が含まれていることを分析し、その対立が、商品世界のどのような運動形態を生み出すかを、追跡してきました。マルクスはここで、追跡してきたことの復習として、そこに存在する内在的な諸対立を、あらためて列挙します（同前、〔Ⅰ〕１２８ページ）。
――使用価値と価値との対立。
――私的労働が同時に直接に社会的労働として現われなければならないという対立。
――特殊的具体的労働が同時にただ抽象的一般的労働としてのみ通用するという対立。
――物の人格化と人格の物化との対立。

価値形態や交換過程の発展も、商品交換の商品流通への発展も、すべてこの対立が生み出した、そしてこの対立を実現すると同時に解決する運動の諸形態でした。そこでは、いま詳しく見てきたように、商品の販売という一回一回の行為が、成功するか失敗するか分からない〝命がけ

★102　**ミル**、ジェームズ（一七七三～一八三六）　イギリスの経済学者。「リカードウの理論を体系的な形で叙述した最初の人」（マルクス『資本論草稿集７』一二〇ページ、『剰余価値学説史』全集㉖Ⅲ一〇四ページ）。マルクスは、パリ時代に経済学の研究を開始したさい、パリゾ（＊）によるフランス語訳（一八二三年）で、その主著『経済学要綱』（一八二一年）についての詳細な抜粋と評注を行なった（いわゆる「ミル評注」）。

＊**パリゾ**、ジャック‐テオドール（一七八三～？）　フランスの海軍士官、政論家、英語諸著作のフランス語への翻訳家。

の飛躍〟を経験するという形で、ことは動いているのです。そして、その運動は、ある点まで進むと、もうこれまでの形態では、内的な統一を保てないような地点に到達し、これまでの形態を強力的に破壊する方法で、統一を回復しようとします。それが、恐慌です。

マルクスは、恐慌にいたるこの過程を、次のように描きだします。ここはぜひ、この節の初めに見た矛盾の運動論（同前一八四〜一八五ページ、〔Ⅰ〕118〜119ページ）をふりかえりながら読んでください。

「自立して互いに相対している諸過程が一つの内的な統一をなしているということは、とりもなおさず、これらの過程の内的な統一が外的な諸対立において運動するということを意味する。互いに補い合っているために内的に非自立的であるものの外的な自立化が、一定の点まで進むと、統一が強力的に自己を貫徹する――恐慌によって」（同前二〇〇ページ、〔Ⅰ〕127〜128ページ）。

「この内在的矛盾〔矛盾の内容は前ページに列挙しました――不破〕は、商品変態の諸対立において、それの発展した運動諸形態を受け取る。だから、これらの形態は、恐慌の可能性を、とはいえただ可能性のみを、含んでいる。この可能性の現実性への発展は、単純な商品流通の立場からはまだまったく存在しない諸関係の全範囲を必要とする」（同前二〇〇〜二〇一ページ、〔Ⅰ〕128ページ）。

たいへん哲学的な文章ですが、〝命がけの飛躍〟の分析、商品流通が商品世界全体の連関をつくりだすことなどを思い起こしながら、そういう分析の哲学的なまとめだと思って読めば、マルクスが言いたいことの感じはつかめると思います。

最後に述べられていることは、今後の研究にとっても、大事な意味をもつことです。単純な商品流通の段階ではっきりするのは、恐慌の可能性であって、この段階では、この可能性の現実性への転化、つまり現実の恐慌は起こりません。恐慌が現実の問題となるためには、単純な商品流通の領域を越えた諸関係――資本主義的な生産と流通の諸関係の発展が必要となります。マルクスは、ここで、そのことを指摘すると同時に、これから、資本主義的な生産と流通の諸関係を一歩一歩とらえてゆくなかで、恐慌論が、可能性の理解から現実性の理解へと発展してゆくことの、予告をも行なっているのです。

（チ）〔第二三の区切り〕。マルクスは、商品流通についてのこれまでの分析のすべてをうけて、最後に言います。「商品流通の媒介者として、貨幣は流通手段という機能を受け取る」（同前二〇一ページ、〔Ｉ〕同前）。この文章には、解説はいらないでしょう。

「恐慌の可能性」という概念について

ここで、「恐慌の可能性」という概念について、考えてみたいと思います。この言葉は、『資本論』ではここで初めて出てきたものですが、マルクスは、この概念の意味について、特別の説明はしていません。マルクスの恐慌論にとって、たいへん重要な意味をもつ概念でありながら、実は、『資本論』のこのあとの部分でも、「可能性」という規定についてのまとまった解説はありません。

ところが、『資本論』の準備草稿の一つである『六一～六三年草稿』には、「恐慌の可能性」という概念・規定についてのたちいった考察が展開されています。

そのいくつかの点を紹介しておきます。

「恐慌の可能性」には、いろいろな形態がある

第一点。「恐慌の可能性」は、いま見た商品流通のなかにある「可能性」だけにとどまるものではありません。商品経済や資本主義的な生産と流通の発展のなかで、さらに、いろいろな「可能性」が現われます。『六一～六三年草稿』のなかでは、マルクスは、これらの可能性を系統的にあげて、その関係を吟味しているのですが、『資本論』には、そういうまとまった叙述はありません。

『六一～六三年草稿』は、商品流通での「可能性」に続いて、支払手段としての貨幣の機能の問題を取り上げ、これを「恐慌の可能性」の「第二の形態」(『資本論草稿集6』七一五ページ、『剰余価値学説史』全集㉖Ⅱ六八九ページ)と呼びます。さらに、商品流通のなかの「可能性」に

ついても、資本が市場経済のなかで活動し始めると、「恐慌の内容規定は拡大され」ることを指摘します（同前七一六ページ、全集㉖Ⅱ六九〇ページ）。また、資本の再生産過程のなかに「さらに発展した」恐慌の可能性（同前七一九ページ、全集㉖Ⅱ六九三ページ）が存在することを明らかにします。

「可能性」のこれらの形態は、この講義のなかで、『資本論』の進行に応じて取り上げてゆくつもりですが、ここでは、「恐慌の可能性」という時には、経済発展のさまざまな段階と領域に現われる諸形態の全体が問題になる、ということを、まず頭においてもらいたいと思います。

「恐慌の可能性」には、恐慌がどうして起こるかの説明は含まれていない

第二点は、「恐慌の可能性」とは、何を意味する概念か、という問題です。この規定は、先ほど述べたように（本冊二六三〜二六七ページ）、古典派経済学の恐慌否定論――〝恐慌ありえない〟論にたいして、商品経済、資本主義経済のもとでは、恐慌が起こりうることを、示したものです。だから、その概念のなかには、恐慌は不可能な現象ではなく、起こりうる現象だということと、さらに、これこれの関係（たとえば、いま見てきた販売と購買の分離など）のなかにその潜在的な形態が存在している、という以上の内容は、含まれていません。だから、「恐慌の可能性」という規定・概念のなかには、この可能性がどうして恐慌になるかの説明は含まれていないので

す。

マルクスは、『六一～六三年草稿』のリカードウ論のなかで、この点について、恐慌の可能性とは、「恐慌の最も抽象的な形態」であって、「なにによって恐慌のこの可能性が恐慌になるのかということは、この形態そのもののなかに含まれていない」と言明しています。

「恐慌の一般的な抽象的な可能性とは――内容のない、十分な内容をもった動因のない、恐慌の最も抽象的な形態以外のなにものでもない。販売と購買とは分裂しうる。したがって、それらは潜在的な恐慌であり、それらの一致はいつでも商品にとっては危険な契機なのである。しかし、それらは相互に円滑に移行することもできる。したがって、恐慌の最も抽象的な形態（したがってまた恐慌の形式的な可能性）は、商品の変態そのものであり、そしてこの変態のなかには、ただ、商品の統一のなかに含まれている交換価値と使用価値との、さらに貨幣と商品との、矛盾が、発展した運動として含まれているにすぎない。しかし、なにによって恐慌のこの可能性が恐慌になるのかということは、この形態そのもののなかに含まれていない。そのなかに含まれているのは、ただ、恐慌のためのその形態がそこにある、ということだけである」（『資本論草稿集6』七一四～七一五ページ、『剰余価値学説史』全集㉖Ⅱ六八九ページ）。

これは、商品の変態の問題に即して分かりやすく言えば、購買と販売が一致しているから、恐慌は起こりえない、という間違った議論にたいして、商品流通のなかには、恐慌を不可能にするどころか、反対に恐慌が起こりうるしかけが用意されていることを、「恐慌の可能性」という言葉で説明しているのであって、それは、恐慌がなぜ起こるのかの説明ではないのだ、ということです。

マルクスは、これに関連して、重要な歴史の事実を指摘しています。それは、購買と販売の分離は、商品流通の不可欠の特質で、これがなければ恐慌は起こりえないのだが、それだけでは恐慌は起こらない、現に、商品経済は、過去一〇〇〇年以上も続いてきたが、資本主義以前には、商品経済はあっても、恐慌など起こらなかったではないか、というのです。これは、「恐慌の可能性」という規定の意義についての分かりやすい例解だと思います。

「購買と販売とが相互に分離し矛盾するということがなければ、……恐慌は存在しえないのである。……しかし、これはけっしてまだ根拠づけられた内容ではない。単純な貨幣流通、そして支払手段としての貨幣の流通でさえも――この二つとも資本主義的生産よりもずっと前から、恐慌が起こるということなしに、存在している――、恐慌なしに可能であるし、また現実に行なわれている。したがって、なぜこれらの形態がその危機的な側面を表に出すのか、なぜこれらの形態に潜在的に含まれている矛盾が実際に矛盾として現われてくるのか、ということは、これらの形態だけからは明らかにすることができない」（同前『草稿集6』七一七～七一八ページ、『学説史』全集㉖Ⅱ六九二ページ）。

「恐慌の可能性」と恐慌の「原因」とを混同しないこと

第三点は、以上のことから出てくる当然の結論なのですが、「恐慌の可能性」を恐慌の「原因」と取り違えてはならない、ということです。リカードウのあとを継いだ者の一人に、ジョン・スチュアート・ミル〔★103〕という経済学者がいます（先ほど登場したジェームズ・ミルの息子です）。彼は、リカードウとは違って、商品経済には〝購買と販売との分離〟という重大な矛盾があることに気がつきました。そうしたら、もうそれだけで恐慌が説明できると、思い込んでしまったのです。マルクスは、リカードウらの恐慌否定論を批判した時、ミルのこの俗論にも、それは「恐慌によって恐慌を説明する」のと同じだと、痛烈な批判をくわえました。

「ついでに言えば、商品の変態に含まれている恐慌のこのような単純な諸**可能性**――たとえば購買と販売との分離――から恐慌を説明しようとする経済学者たち（たとえばJ・St・ミルのような）も、それに劣らずまちがっている。これらの規定は、恐慌の可能性を説明するものではあるが、とうてい恐慌の現実性や、さらに、**なぜ**その過程の諸局面が、ただ恐慌によってのみ、つまり強力的な過程によってのみ、それらの内的な統一を自己貫徹させうるような衝突に至るのか、ということまで説明するものではない。この**分離**は恐慌において現われる。それは恐慌の基本形態である。恐慌をこのようなそれの基本形態によって**説明する**ことは、恐慌の定在をその最も抽象的な形態で言い表わすことによって、恐慌の存在を説明することにほかならないのであり、したがって、それは恐慌によって恐慌を説明することにほかならない」（『資本論草稿集６』七〇五ページ、『剰余価値学説史』全集㉖Ⅱ六七七～六七八ページ）。

マルクスは、この立場から、恐慌の「可能性」を恐慌の「原因」と取り違えることにも、警告の言葉を発しています。

「恐慌の一般的な可能性とは、資本の形式的な変態そのものであり、購買と販売との時間的および空間的分裂である。しかし、このことはけっして恐慌の原因ではない。なぜならば、それは、恐慌の最も一般的な形態、したがって恐慌の最も一般的な表現における恐慌そのもの、以外のなにものでもないからである。だが、恐慌の抽象的な形態が恐慌の原因である、などと言うことはできない。だれでも恐慌の原因を問う場合には、その人は、まさに、なぜ恐慌の抽象的な形態、恐慌の可能性の形態が、可能性から現実性になるのか、を知ろうとしているのである」（同前七二二ページ、全集㉖Ⅱ六九六ページ）。

★103　**ミル**、ジョン・スチュアート（一八〇六～七三）　イギリスの経済学者で実証主義の哲学者。ジェームズ・ミルの息子。リカードウの学説を卑俗化した。『経済学原理』（一八四八年）を著わす。

恐慌の「可能性」と「原因」とを混同することは、よく気をつけないと、おかしやすい間違いです。実は、レーニンも、ある論文で、マルクスの恐慌理論は、恐慌を「生産の無秩序によって説明する」と論じたことがありました（「経済学的ロマン主義の特徴づけによせて（シスモンディ〔★104〕とわが祖国のシスモンディ主義者たち〔★105〕）」一八九七年、全集②一五一ページ）。これは、ロシアにおける資本主義的発展の不可能論を説いていたナロードニキ派との論戦のなかでの一こまで、恐慌を「消費の不十分さ」で説明する彼らの議論（いわゆる「過少消費説」）に反論して、〝それは間違いだ、恐慌の原因は「生産の無秩序」にあるのだぞ〟という形で提起したのです。しかし、「生産の無秩序」と言えば「恐慌の可能性」に属する問題です。明らかに「可能性」と「原因」を取り違えた議論でした。この問題は、私の『レーニンと「資本論」』①のなかで、詳しく取り上げましたので、興味のある方は参照してください（「恐慌理論でのレーニンの〝勇み足〟」一九九～二〇四ページ）。

以上、三点にわたって見たように、マルクスは、『六一～六三年草稿』のなかで、「恐慌の可能性」という規定について、それが恐慌論全体のなかで占める理論的な位置づけについて、たいへん厳密な解明を行なっていました。この立場から言えば、貨幣経済のなかに恐慌の可能性を発見したということは、マルクスにとっては、これからの恐慌論の展開につながる一つの出発点にすぎなかったのです。その意味では、マルクスが恐慌の可能性を論じた文章の最後に、「可能性の現実性への発展は、単純な商品流通の立場からはまだまったく存在しない諸関係の全範囲を必要とする」（『資本論』①二〇一ページ、〔Ⅰ〕128ページ）と書いたのは、なかなか意味深長です。それを、その「諸関係の全範囲」――少なくともその重要な部分の研究が、『資本論』の今後の展開に含まれることの予告と読んでも、決して見当違いではないでしょう。

b　貨幣の通流

今度は、貨幣の側から見た商品流通の研究です。

商品の変態の流れを、貨幣の側から見ると、貨幣は、商品の売買の仲立ちをして、商品の買い

★104　**シスモンディ**、ジャン-シャルル-レオナール・シモンド・ド（一七七三～一八四二）スイスの経済学者。主著『経済学新原理』（一八一九年）。

★105　「**経済学的ロマン主義の特徴づけによせて**」　レーニンが、シベリア流刑地で執筆し、雑誌『ノーヴォエ・スローヴォ（新言論）』に発表した論文（一八九七年）。著書『経済学的試論と論文』（一八九八年）に収録された。論文は副題を「シスモンディとわが祖国のシスモンディ主義者たち」としたが、「わが祖国のシスモンディ主義者たち」とは、ニコライ・オンを中心とするナロードニキの理論家たちを指す。

手から売り手のところへたえず位置を変えながら、自分自身は、いつまでも流通の現場（流通部面）にとどまり続けます（ここで、「通流」とは、貨幣がこうして人の手から手へ渡ってゆくことを指した言葉で、貨幣の運動を表わす独自の用語です）。

そこから、まず出てくるのは、ある国で、商品世界の流通過程が順調に進行してゆくためには、どれだけの量の貨幣が必要か、という問題が出てきます。

その計算は簡単です。

ある期間に、その国で取引される商品の総額をまず計算しましょう。もし同じ貨幣は一回だけしか取引に使われないとしたら、全商品の売買を完了するためには、商品総額と同じ量の貨幣が必要だということになります。

しかし、貨幣は、次から次へと持ち手を換え、商品の変態の仲立ちを繰り返し行なうのが、特性です。ですから、貨幣の必要量の計算のためには、その期間内に、貨幣が売買の仲立ちを平均して何回行なうかが、問題になります。

それらが分かったら、商品流通に必要な貨幣の総額が、次の計算式で決まってくるはずです。

$$\frac{\text{諸商品の価格総額}}{\text{同名の貨幣片の通流回数}} = \text{流通手段として機能する貨幣の総量}$$

（『資本論』①二〇九ページ、〔Ⅰ〕１３３ページ）

この計算式からも分かるように、流通手段としての貨幣の必要量は、諸商品の価格総額と貨幣の通流の速度によって規定されますが、諸商品の価格総額は、価格の運動と流通する商品の総量によって決まりますから、結局、１価格の運動、２流通する商品の総量、３貨幣の通流速度、という三つの要因が、必要な貨幣の総額を決定する、ということになります。この三つの要因が変動すると、必要な貨幣量は、それに応じて変化するのです。そして、流通部面にある貨幣の総量が、必要な額を上回る場合には、過剰の貨幣は、流通部面から投げ出されるし、下回った場合には、不足分の投入が必要になります。

マルクスは、この変動のいろいろな組み合わせを考えて、それが貨幣量におよぼす影響を研究しています。

c　鋳貨。価値章標

金や銀などの貴金属が貨幣として使われる時、一つの問題は、それが通流しているあいだに金銀そのものが摩滅することで、歴史上、それが、商品流通の混乱を引き起こす場合もありました。

そこで、この難点を解決するために、より値打ちの低い他の金属で、貨幣をつくり、金貨や銀貨の代行をさせるということが、とくに小規模の取引のために、かなり以前から行なわれてきました。これが鋳貨（ちゅうか）です。これらの鋳貨は、素材的には、その貨幣名だけの価値をもたないのですが、金を中心とした貨幣制度の一部に組み込まれて、金貨幣のいわば象徴として、通用することができたのです。

金貨幣の象徴というこの性格を、より極端な形で表わしたのが、紙幣による金貨幣の置き換えです。価値をもたない紙幣が、どうして金貨幣の代行ができるのか、と言えば、それはもっぱら、国家がこれに強制通用力をあたえ、その強制通用力によって、金貨幣の代行だという役割を、社会にたいして保証するからです。「貨幣の章標に必要なのは、それ自身の客観的社会的妥当性だけであり、紙製の象徴はこの妥当性を強制通用力によって受け取る」（『資本論』①二二五ページ、〔Ⅰ〕１４３ページ）。この強制通用力の有効性は、もちろん、その国家の統治の境界内でしか、成り立ちません。

こうして、金貨幣が紙幣によって置き換えられてくると、流通手段の必要量についての法則に、大きな変化が起こってきます。

先ほど説明したように、ある国で商品流通に必要な貨幣量は、商品総額を貨幣の通流回数で割った金額で、客観的に決まってきます。それ自体が価値をもっている金貨幣だったら、流通部面にある貨幣量が、この必要量を越える場合には、余剰の貨幣は流通部面からはじき出され、下回る場合には不足量の補充が求められるということも、そこで説明しました。

紙幣の場合には、その点が変わってくるのです。国家が、貨幣名を印刷した紙幣を流通部面に投入したとします。印刷するだけなら、どんなに大量の紙幣をつくることもできますが、紙幣の発行というのは、国家の勝手放題というわけにはゆきません。その時、流通部面が必要とする金貨幣の総量は、客観的に決まっています。これが、貨幣の流通量についての法則です。国家が金貨幣に代わって紙幣を投入しようという時には、そこで必要とされる金貨幣を代行するものとして投入すべきですから、紙幣の投入総額も、おのずからこの法則によって規制されることになります。

紙幣発行を律する法則とは、次のようなものです。

「この法則とは、要するに、紙幣の発行は、紙幣によって象徴的に表わされる金（または銀）が現実に流通したはずの量に制限されなければならない、ということである」（同前二二二ページ、〔Ⅰ〕１４１ページ）。

もし、紙幣を発行する国家が、この法則を無視して、財政上の勝手な思惑から、必要量以上の紙幣を発行したら、どうなるか。二倍の紙幣を発行したら、国家が余分の収入を得て、めでたし、めでたし、ということになるのでしょうか。マルクスは、これにたいして、明確に「ノー」という回答を与えています。

「紙幣がその限度を、すなわち〔紙幣がなければ〕流通したかもしれない同名の金鋳貨の量を超過するならば、全般的信用崩壊の危険は別にして、紙幣は、商品世界の内部では、やはりただ、この世界の内在的諸法則によって規定された金量を、したがってまたちょうど代理されうるだけの金量を、表わすにすぎない」（同前二二三ページ、〔I〕142ページ）。

マルクスは、続いて、イギリスの貨幣単位でこの事情を例解していますが、それを日本流に翻訳してみると、こういうことになります。商品の総額を流通させるのに必要な貨幣量が金貨幣で一兆円だという時、国家が一兆円の紙幣を発行して投入するなら、その紙幣は、額面どおり、一〇〇〇円の紙幣は一〇〇〇円の金貨幣と同じ値打ちをもつものとして、通用します。ところが、商品の総量も流通手段の必要量も変わらないのに、国家が、自分の都合で、必要量の二倍、二兆円の紙幣を発行したとしたら、その紙幣は額面は二兆円でも、やはり金貨幣の必要量である一兆円の値打ちを代表するだけです。だから、額面一〇〇〇円の紙幣は金貨幣五〇〇円分の値打ちしかもたず、物価は額面的には二倍にはねあがることになります。

この関係を、計算式で表わすと、次のようになるでしょう。

$$\frac{\text{商品流通に必要な金貨幣の総量}}{\text{価値章標である紙幣の発行量}} = \text{紙幣が代表する価値が下落する割合}$$

これは、当時は、おそらくマルクスの理論的な予測だったかもしれません。しかし、第一次世界大戦が、各国で通貨と金との関係を断ち切り、各国の政府が、戦争の財政的必要に応じて、紙幣の大量発行という手段に乗り出した時、マルクスの理論的予測はたちまち現実になりました。とくにそれが顕著に現われたのは、敗戦ドイツの戦後経済においてでした。マルク紙幣の大量発行が、途方もないインフレーションの引き金となったのです。まったく同じことは、第二次世界大戦後の日本でも、深刻な形で経験されました。

現実のインフレーションは、信用・金融の問題など、いろいろな事情がかかわりあって、もっと複雑になるのですが、貨幣論の面から言いますと、流通手段の総量を規定する法則が、国家による紙幣の無制限な増発とともに、紙幣価値の絶えざる減価、物価の絶えざる上昇の法則に転化してしまう、というところに、大事な中心点があります。

第三節　貨　幣

第三節では、（a）蓄蔵貨幣の形成、（b）支払手段、（c）世界貨幣という、貨幣の三つの機能が研究されます。

蓄蔵貨幣の形成

貨幣というのは、なんでも買う力をもった、いわば富の絶対的な形態――「いつでも出動できる、絶対的に社会的な富の形態」〔『資本論』①二二九ページ、〔Ⅰ〕145ページ〕です。使用価値が生活の中心とされる時代には、同じ物品を大量に集めても、あまり意味がないわけですが、金は万物を買える力をもっていますから、貨幣経済の発展とともに、貨幣を貯め込もうとする「貯めこみ主義」あるいは黄金欲が、かぎりない規模での発展をとげます。「蓄蔵貨幣形成の衝動は、その本性上、限度を知らない」〔同前二三三ページ、〔Ⅰ〕147ページ〕のです。「蓄積のための蓄積」ということが、初めて、現実の経済社会に現われるのです。

しかし、この蓄積欲は、経済の発展には役立たず、資本主義以前のどんな社会でも、社会的、経済的な秩序にたいして、ものすごい破壊的な力をおよぼしました。マルクスは、貨幣がもつ社会的な破壊力を、地獄の主といわれるプルトス〔本冊二一五ページの補注★85参照〕にたとえました。

「〔貨幣の支配のことでは――不破〕こうして、社会的な力は私人の私的な力となる。だから、古典古代の社会〔ギリシア・ローマの奴隷制社会――不破〕は、貨幣を、社会の経済的および道徳的秩序の破壊者として非難するのである。すでにその幼年期にプルトスの髪をつかんで地中から引きずり出した近代社会は、黄金の聖杯で、そのもっとも独自な生活原理の輝ける化身に祝杯をあげる」〔同前二二九ページ、〔Ⅰ〕146～147ページ〕。

ともかく、人間社会で、「貯めこみ主義」は貨幣とともに始まったのです。

支払手段としての機能

これまで研究してきた商品の変態では、売買の行為が行なわれる時には、商品の移転と同時に、貨幣が買い手から売り手に移動していました。しかし、商品世界では、別の形式の商行為が出現してきます。信用売りです。つまり、買い手が商品を受け取るのと、売り手が代金を受け取るのが、時間的に切り離される、買い手は「何月何日までに支払います」という約束で、商品を受け取り、その期限がきた時に、支払いを行なう、という商行為です。こういう形態は、単純な商品流通から生まれてくるものだとは言え、貨幣の機能は、まったく別物になってきます。普通の売買の場合には、貨幣は商品と交換されるのですが、新しい形態では、売り手と買い手との関係は、債権者と債務者との関係に代わり、貨幣が売り手に渡されるのは、商品との交換時ではなく、債務の支払い時という形になります。

貨幣は、こうして、支払手段という新しい機能をえるのです。

支払手段としての貨幣のこの機能が発達すると、商品世界に、社会的な連関の新しい網の目が展開されてきます。普通の商品変態だったら、売買が済めば商行為は終わるのですが、ここでは、商品が買い手の手に移っても、商行為が終わらないで、債権・債務の関係が残ります。そして、Ｂの債務者であるＡが、同時にＣの債権者であるなど、債権と債務の連鎖が、商品変態の連鎖とは別個の網の目を織り出しながら、商品世界に広がってゆきます。そのなかで、債務の支払いのための施設や方法が独自の発達をとげ、同じ地点に支払いが集中するようにもなり、そこで債務と債権を相殺して、債務の差額だけが清算されればよいようになります。

貨幣のこの新しい機能は、商品流通を発展させる一方、それに必要な支払手段の節約を促進しますが、債権・債務の網の目が広がるということは、新しい重大な問題を引き起こします。それは、この網の目のどこかで支払いの停滞が起こると、それが網の目の全体に波及して、貨幣恐慌を引き起こす可能性がある、ということです。マルクスは、「諸支払いの過程的な連鎖と諸支払いの相殺の人為的制度とが十分に発達している場合」には、「この機構の比較的全般的な撹乱が起きれば」、それがどこから生じようとも、貨幣恐慌の引き金となることを、指摘しています（『資本論』①二四〇ページ、〔Ⅰ〕152ページ）。

マルクスは、『資本論』では、支払手段の機能について、「恐慌の可能性」という言葉は使っていませんが、先ほど紹介したように（本冊二六八ページ）、『六一～六三年草稿』では、ここに恐慌の可能性の「第二の形態」があると、論じていました。

支払手段とマルクスの明治維新論

講義第1回のなかで、マルクスの日本論について述べましたが（本冊五六～六〇ページと六一ページ補注★36）、実は、その日本論の第一号が、支払手段についてのこの項目のなかにあるのです。

マルクスは、商品流通のなかでの支払手段の機能の検討を終わったあと、支払手段としての貨幣の機能が、商品生産の発展とともに、「商品流通の部面の外におよぶ」ようになる、という問題を取り上げます（『資本論』①二四四ページ、〔Ｉ〕１５４ページ）。「貨幣は契約の一般的商品となる」（同前）という指摘です。なかでも、重要なことは、地代や租税の支払いが、現物納付から貨幣支払いに変わることで、その変化は、大きな社会的変動を引き起こします。マルクスは、その実例として、ローマ帝国の時代に、すべての税金を貨幣取り立てに切り換えようとする試みが二度にわたって失敗したことや、フランス大革命の社会的背景ともなった「フランス農民の途方もない窮乏（きゅうぼう）」の一因が、現物税から貨幣税への転化にあったことなどについて語ったあと、いまなお地代の現物形態が維持されているアジア諸国に目をむけて、次のように述べるのです。

「他方、地代の現物形態は、アジアでは同時に国税の主要な要素でもあり、自然諸関係の不変性をもって再生産される生産諸関係にもとづいているのであるが、この支払形態は反作用的にこの旧来の生産形態を維持する。それは、トルコ帝国の自己維持の秘密の一つをなしている。もし、ヨーロッパによって押しつけられた対外貿易が、日本において現物地代の貨幣地代への転化をもたらすならば、日本の模範的な農業もおしまいである。その狭い経済的存在諸条件は解消されるであろう」（同前二四五ページ、〔Ｉ〕１５５ページ）。

アジア諸国における生産諸関係の不変性〔★106〕という問題は、マルクスがいろいろなところで指摘してきたことです（もっとも早い論文は、「イギリスのインド支配」一八五三年など。全集⑨）。マルクスはここでは、そのことの確認にとどまらず、アジアの一国である日本では、ヨーロッパ諸国が押しつけた対外貿易によって、地代の現物形態（年貢）から貨幣形態への転化がもたらされようとしていると観測し、もしそうなったら、「日本の模範的な農業」は、その「狭い経済的存在諸条件」を失って、「おしまい」になるだろう、と予告しているのです。これは、マルクスの日本知識が並々ならぬものであることを窺わせる記述でした。

『資本論』が発行された一八六七年という年は、明治維新の前年（慶応三）、倒幕派の諸勢力と幕府側との闘争が頂点に達しようとしている時でした。明治維新によって、新政権が確立されるのは、その翌年です。そして、この新政府は、一八七六～七七年（明治九・一〇）、農民から貨幣形態での税金（地代）を徴収する地租改正を強行し、農民経営に大打撃を与えたのでした。まさに、この問題をめぐる日本情勢は、マルクスが『資本論』で予測したとおりの展開を見せたのです。

マルクスのこの指摘は、戦前の日本の歴史学界に大きな影響を与えました。のちに野呂栄太郎の編集で始まった『日本資本主義発達史講座』に参加した歴史学者に、服部之総〔★107〕という人がいました。服部は、『発達史講座』でも、明治維新論を担当しましたが（「明治維新の革命と反革命」一九三三年）、実はその五年前、『マルクス主義講座』（全一三巻、上野書店、一九二七～二九年）という論集に参加して、最初の明治維新論「明治維新史」（一九二八年）を発表していました。服部は、この論文のなかで、マルクスのこの文章を、「日本の地租改正を予想して述べた……一文」として引用し（『服部之総全集3　明治維新』一三四〜一三五ページ、福村出版）、その視点から、地租改正をめぐる情勢とその問題点を研究しています。『資本論』に書きつけられたマルクスの日本論は、日本の歴史学者による日本研究に、それだけの影響をおよぼすほどの力をもったのでした。

日本における明治維新論に影響を与えたマルクスの言明は、あとでも、再び出てきます。マルクスの日本論をめぐる詳細は、その時、あらためて吟味することにして、ここは、先へ進むことにします。

★106　**アジア諸国における生産諸関係の不変性**　この問題については、本書②の「講義第6回」での「〔解説〕アジア諸社会の不変性の秘密を解く」の項参照。

★107　**服部之総**（一九〇一〜五六）　歴史家。〝講座派〟の代表的な理論家の一人。『日本資本主義発達史講座』にも参加。

世界貨幣

「貨幣」の第三の項目は、「世界貨幣」です。

各国がつくる貨幣は、当然、その国家が統治する範囲内で通用する一国的な性格のものです。その国の領域の外へ出たら、一国的な貨幣の形態は通用しませんから、万国共通の形態である金あるいは銀という地金形態に逆もどりするしかありません。「貨幣は、国内の流通部面から外へ歩み出るとともに、価格の度量基準、鋳貨、補助鋳貨、および価値章標という、国内の流通部面で成長する局地的諸形態をふたたび脱ぎ捨てて、貴金属のもともとの地金形態に逆もどりする」（『資本論』①二四七～二四八ページ、〔Ⅰ〕156ページ）。世界市場では、当時、金と銀の二つの価値尺度が現存していました。

そのことを確認したうえで、マルクスは、国際収支の差額の決済、一国から他の国への富の移転、世界市場での流通のための貨幣蓄蔵の必要、産源地と各国市場とのあいだの金・銀の流れなど、いくつかの角度から世界貨幣の運動を考察します。

以上が、「第三章　貨幣および商品流通」の内容で、これをもって、第一篇の商品経済、市場経済の研究はすべて終わります。

次回からは、いよいよ「資本の生産過程」そのものに入るわけですが、そこに進む前に、補足的に、二つの問題を話しておきたいと思います。

世界の通貨制度は、どう変わってきたか？

まず最初の問題は、「世界貨幣」の現状というか、通貨制度の国際的な関連が、マルクスの時代から今日までにどう変化してきたか、という問題です。

マルクスの時代の国内・国際の通貨関係

マルクスが『資本論』を書いた時代には、イギリスはポンド、アメリカはドル、ドイツはマルク、フランスはフランと、それぞれその国の固有の通貨体系をもっていて、ポンドにしても、ドルその他の通貨にしても、一ポンドは金一五グラム、一ドルは金一・五グラムというように金の一定量に相当する値打ちを与えられ、国民は、必要な時にはそれだけの金と交換することができました（金本位制）。日本も、明治の新体制のもと、一円＝金〇・七五グラムという交換比率で、この国際関係に参加しました。

この体制のもとでは、それぞれの通貨の間の関係が為替レート（為替相場）に現われることは、現在と同じですが、もともと各国の通貨が金と定量的な関係をもっていましたから、各国通貨の相互の関係も、それによって基本が決まってきます。たとえば、イギリスのポンド、アメリカのドルと日本の円の関係は、一ポンド＝金一五グラム、一ドル＝金一・五グラム、一円＝金〇・七五グラムですから、換算すれば、一ポンド＝二〇円、一ドル＝二円というのが、基本の比率になります。為替レートの変動も、輸出入の関係や各国の金準備の変動などを反映して、この基本比率を中心に多少の揺れがある程度で、それも国際市場経済による自己調節の機能が働きました。現在のように、為替レートの日々の変動が株式市場の動きとならんで日々報道され、国際的な経済関係をゆるがすような大変動がいつ起こるか分からない、という不安定な状況とは、様子がまったく違っていました。

このように、一国の領域の外での国際関係では、「世界貨幣」が問題になるものの、それも、それぞれの国の通貨がすべて金を定量的に代表している、という土台の上での「世界貨幣」でした。『資本論』における貨幣論は、国内的にも、国際的にも、こういう金本位制（国によって、金と銀の複本位制。複本位制については本冊二三六〜二三七ページ参照）を前提に書かれています。

第一次世界大戦後の金本位制の崩壊

この状態を、大きく変える第一歩となったのが、第一次世界大戦（一九一四～一八年）でした。歴史の上で最初の世界大戦による空前の規模の戦費負担の重圧のもとで、どの国も金本位制を維持することができなくなり、各国の通貨体系は、その国際的なつながりを断ち切られました。

戦争の終結後、金本位制の復活の動きが始まりましたが、各国の足なみはそろわず、一九二九年、アメリカで勃発した大恐慌は、この動きを封殺する新たな打撃となりました。日本も、一九三〇年に、金本位制の復活を宣言しましたが、一年あまりで、中止のやむなきに至りました。こうして、国際的な通貨体制は、安定したシステムをとりもどせないまま、第二次世界大戦（一九三九～四五年）になだれこんでゆくのです。

第二次世界大戦後——アメリカのドルを基軸にして再建

第二次世界大戦が終わった時、世界の通貨体制をどうするかが、戦後の経済秩序再建の大きな問題となりました。ヨーロッパは戦火で荒廃し、日本も敗戦による荒廃にくわえて、アメリカの占領下におかれ、世界の富はアメリカ一国に集中していました。そのもとで、どのようにして戦後の通貨体制をつくったかと言うと、大戦の後半となる一九四四年七月に、アメリカ以外の国ぐにはどこも単独で金本位制を復活させる力はもちえなかったので、アメリカのブレトンウッズで開催された国際会議で、アメリカのドルを基軸にして国際的な通貨体制を再建することを、決めていたのです〔★108〕。

それは、

（1）アメリカだけが、ドルを直接的な形で金と結びつけることができる。その比率は、「金一オンス＝三五ドル」とする、

（2）それ以外の国は、自国の通貨とアメリカのドルとのあいだに、固定レートを設定する（日本は、ブレトンウッズの会議よりも何年かおくれて、一ドル三六〇円という固定レートで、この体制に参加しました）、

という体制でした。それぞれの国の通貨は、金との直接の関係をもたないが、アメリカのドルが金と結びついているから、ドルを通じて金と間接に結びつく、ということです。この間接の結びつきを保障するものとして、各国の政府が求めた場合には、アメリカ政府は、その国がもっているドルを、いつでも「金一オンス＝三五ドル」の比率で金と交換する義務を負うことも、決められました。

これは、たいへん異常な体制でしたが、ともかく、どの国の通貨も、曲がりなりにも、金との関係――ドルを経由しての間接的な――を失ってはいない、という体制でした。この体制が、一

九四五年から一九七〇年代の初めの時期まで続いたのです。

この体制の一つの大きな問題点は、アメリカのドルと各国の通貨との関係が、固定レートで決められている、という点にありました。各国の通貨の値打ちは、現実的には、固定したものではなく、経済情勢の変転、とくにその国の経済力の消長に応じて、変動します。為替レートが、自然のなりゆきにまかされる体制だったら、国際的な市場経済の調節作用を通じて、各国間の経済的な力関係の変動は、それなりの形で為替レートに反映するはずですが、戦後体制で決められたのは、固定レートでした。そこでは、市場経済の調節作用が働く余地はありません。そのために、この体制のもとでは、経済的な力関係の実体的な変化と為替レートの固定制とのあいだの矛盾が、内面的に蓄積されてゆかざるをえないことになります。

★108　**国際的な通貨体制の再建**　一九四四年七月、ブレトンウッズで連合国会議（四五ヵ国参加）が開かれ、金ドル本位制度と固定為替相場制などの通貨体制とともに、国際通貨基金（ＩＭＦ）、国際復興開発銀行（世界銀行）の設立を決めた。二つの機構は、一九四五〜四六年に発足した。

ドル・ショック――アメリカが金本位制を捨てる

固定レート体制の矛盾が、もっとも深刻に現われたのが、アメリカでした。巨額の軍事費の負担と貿易赤字、それらを背景にしたとめどもない金の流出は、ドル中心の国際通貨体制を危機に追い込み、一九七一年、アメリカのニクソン〔★109〕政権は、「この体制ではもうやってゆけない」ということで、ドルと金の交換という取り決めを放棄することを、宣言したのです。これが、当時、〝ドル・ショック〟と言われたもので、戦後の世界通貨体制の基軸であり、各国の通貨を金と結びつける唯一の要役（かなめ）だったアメリカが、今後、その地位を捨てる、という宣言でした。

それから若干の期間、ある種の過渡的な体制がとられましたが、一九七三年以後、世界の通貨体制は、「変動相場制」と言われる新しい体制に入りました。各国の通貨の力量に応じて、ドルとの関係も自由に変動する、という体制です。

自由な変動ということは、マルクスの時代にもあったことですが、当時は、ポンドもドルも円も、金との直接の、定量的な関係をもっていました。だから、自由な変動と言っても、それは、基本比率を中心とした小揺れ的な変動でした。

しかし、現在の「変動相場制」は、それとはまったく違っています。各国の通貨は、国内的には、金との直接の関係を完全に失っています。また、一九四五年以来の、ドルを通じての金との間接的な関係も、一九七一年以来、消滅しました。だから、現在、世界の通貨制度は、どの国の通貨も、金との定量的な関係をもたないという、あぶく的な状態——世界資本主義の数百年にわたる歴史のなかで、初めて経験する体制的な不安定さ——におちこんでいる、と言ってよいでしょう。

世界資本主義の危機の一つの深刻な現われがある

株式の相場と同じように、通貨のレートが日々に変動し、それがいつ大波乱を引き起こすか分からない。こういう世界は、『資本論』が「世界貨幣」や「為替相場」を論じた経済世界とは、まったく相貌（そうぼう）を異にする世界です。

★109　**ニクソン**、リチャード・ミルハウス（一九一三～九四）アメリカの第三七代大統領（一九六九～七四年）。ウォーターゲート事件（＊）への関与が発覚して、七四年に辞任した。

＊　**ウォーターゲート事件**　一九七二年の大統領選挙で、ニクソン陣営がウォーターゲート・ビルの民主党本部を盗聴したことに端を発した政治スキャンダル。

では、そこでは、それぞれの国の通貨は、金とはまったく関係がないのか、というと、そうではありません。先ほど、通貨が紙幣という純然たる「価値章標」に変わった時に、紙幣の値打ちがどのような法則にしたがうかについて、話をしました（本冊二七七〜二八一ページ）。

第一に、その国で必要とされる流通手段（金貨幣）の総量は、取引される商品の価格総量を通貨の通流回数で割って得られる総額で決まります。

第二に、その国の政府が発行する紙幣は、印刷された額面の総額がいくらになろうと、その総量で、必要な流通手段（金貨幣）の総量を代表できるだけです。

ですから、政府が紙幣を必要以上に増発すれば、紙幣一枚一枚の値打ちは、それだけ下落します。価値学説がちゃんと通用していても、また金との結びつきが経済法則的には維持されていても、通貨そのものが金との関係を失った世界は、国家の政策行為のいかんで通貨の価値が大きく変動しうるし、国家間の貨幣価値の関係（レート）は、いっそう複雑な変動にさらされる、という複雑怪奇な世界となっているのです。つまり、一九七〇年代以来今日まで、世界経済は、通貨が安心してふまえることのできる確固とした足場というものが存在しない状態で、波乱多いその動きを続けてきたわけです。こういう事態は、世界資本主義の歴史のうえで、かつて経験したことがなかったものでした。

いま、国際経済のうえでは、さまざまな金融投機集団が世界をかけめぐり、時には、ある国をねらい打ちにし、その国の経済全体の犠牲のうえに、自分の集団の投機的なぼろもうけをはかるようなことまで、しばしば起きています。こんなことも、『資本論』の時代には起きようがなかったのです。それも、通貨体制が金との関係を失ったという、世界経済の根本的な不安定さを背景にして起こってきたことだと言えるでしょう。

今日の資本主義世界の危機的な状態は、ここに、一つの深刻な根源をもっているように思います。そして、『資本論』は、この分野でも、事態を根底から分析・解明する指針をあたえているのではないでしょうか。

市場経済と社会主義の問題

『資本論』の第一篇では、市場経済は、資本主義経済で土台的な側面をもつものとして、研究されました。われわれはその研究を読み終わったところですが、現在の世界では、資本主義経済の一側面という角度だけではなく、社会主義をめざす道筋においても市場経済の意義と役割という角度からも考える必要があります。その角度から市場経済を見直してみたい、と思います。

市場経済の効用と否定面と

こういう角度から市場経済を考察するさい、まず考えてみたいのは、『資本論』での市場経済論を、二つの面――一つは市場経済の効用という面、もう一つは市場経済の否定面、この二つの面から整理してみることです。

否定面と言えば、第一篇では、マルクスは、まず、市場経済が、社会的分業が自然発生的だというところから、恐慌（あるいは不況）という、それ以前の社会が知らなかった大破局を生み出す可能性をもっていることを指摘しました。また、貨幣（金）の蓄積を果てしなく追求する「貯めこみ主義」が、市場経済の必然的な産物となることも、指摘しました。それと不可分の形で、弱肉強食の傾向が広がり、貧富の格差も大きくなります。それから、これは、次の篇（第二篇　貨幣の資本への転化）で研究されることですが、市場経済が日々資本主義を生み出すということも、社会主義をめざす立場からは、よく見ておかなければならない問題です。

しかし、第一篇で研究されたのは、市場経済のこうした否定面だけではありません。第一篇では、市場経済のもとでは、生産者の背後で、経済関係の網の目が織られている、ということが、何回も問題になりました（本冊一六八～一六九、二五四～二五七ページ）。たしかに、市場経済というのは、一人ひとりの生産者には目に見えず、理解もできないところで、いろいろな働きが行なわれています。だから、そこでは、経済の諸法則が、人間から独立した自然必然性として強力をもって貫徹するようにも見えるし、それが、物事に複雑怪奇な神秘的なよそおいを与える根源にもなります。しかし、その働きの中身を見てみると、これがなかなか有効な作用をしているのです。

たとえば、需要と供給の問題でも、一人ひとりの生産者は、自分の生産と社会的な需要との関係を直接には知らないまま、生産を進めています。しかし、その商品が過剰に生産されているか過少に生産されているかは、価格の上がり下がりによって生産者に知らされるわけで、こうして市場での物価の動きを通じて、需要と供給の調節作用が行なわれます。

また、熟練していない普通の人の単純労働と、熟練度の高い人の複雑労働のあいだで、生みだす価値にどれぐらいの違いがあるか、という問題も、誰かが計算ではじき出しているわけではなく、「生産者たちの背後」で進行する「一つの社会的過程」によって確定される（『資本論』①八二ページ〔Ｉ〕５９ページ）ということは、第一章第一節の価値論のところで見たとおりです。

こういう点では、市場経済は、経済の目的にかなった調節作用を、さまざまな分野で、自然発生的な作用としてやってのけているのです。

さらに、市場競争が、生産性の向上、コストの削減などへの刺激になるということも、市場経済の効用の一つに数えあげてよいでしょう。

マルクスはまとまった形で市場経済の効用を説いているわけではありませんが、マルクスが

『資本論』で分析しているなかにも、市場経済の効用は、多くの点で指摘されているのです。

市場経済の問題でのレーニンの大転換

マルクス、エンゲルスは、経済理論のなかでは、市場経済の効用の側面を指摘しはしましたが、恐慌を生み出すなど、市場経済の否定面を正面からとらえ、社会の経済体制が資本主義が社会主義に変わったら、市場経済はなくなるものだと、わりあいに簡単に考えていたようです。だいたい、社会主義経済の特徴は、資本主義時代の自然発生的な分業を、自覚的、計画的な分業に変えるところにありますから、当然、市場経済はなくなってゆく、という想定でした。もちろん、それは一挙に実現できるものではなく、過渡的な時期はいろいろ考えはしましたが、基本は、社会主義と市場経済は両立しない、というところにありました。

レーニンも、一九一七年の十月革命でソビエト政権が成立した時、ロシアは資本主義の発達の程度の弱い国でしたが、社会主義の経済をめざす以上、市場経済のない体制を目標にするのが当然だという考え方で、革命後の建設に当たりました。外国の干渉と国内の反革命が結びついた干渉戦争のなかで、経済はずいぶんきびしい状況になりましたが、これが共産主義への道だということで、国家が生産と分配の全体をにぎる「戦時共産主義」の方向に突き進みました。しかし、それがうまくゆかず、戦争が終わって平和を回復した時には、農民の反抗など、国内の矛盾が噴き出しました。

レーニンは、困難に立ち至った事情を深く分析し、一九二一年、それまでの政策の大転換を行なって、市場経済を取り入れながら社会主義をめざすという新方針を打ち出しました。それが、「新経済政策」〔★110〕、略してネップ（ＮＥＰ）と呼ばれた政策でした。

そのレーニンでも、実は、市場経済を認めるところへ踏み切るには、ものすごい勇気と決断が要りました。なにしろ、それまでは、市場経済は資本主義を生み出す最大の土壌だ、これを残せば社会主義が危うくなる、社会主義への前進とは、市場経済をだんだん押さえ込んでいって、最後には貨幣もなくなるところまで進むことだ、こういう基本方針で活動していたのですから。

農民との関係を改善するにしても、市場経済によらない別の方法はないかと、「第三の道」を求めて、〝生産物交換〟という方式を提案したりするのです。価値形態論のいちばん最初に出た物物交換――単純な価値形態に当たるものですが、当然ながら、そんな中途半端なものは、問題にな

★110　「**新経済政策**」　レーニンは、干渉戦争からぬけだした革命ロシアで、一九二〇年、「新経済政策」（ネップ）で市場経済を導入した。そのさいのレーニンの見解と方針については、『レーニンと「資本論」』第七巻（二〇〇一年）のなかで、立ち入った研究を行なった（「第三三章　新経済政策」、同書八九～一九六ページ）。

りません。そういう模索のあげく、ついに市場経済を正面から認める、という決断をするのです。

しかし、レーニンが決断しても、全党がそれを理解するまでが大変でした。会議を開いたら、「商売のようなブルジョア仕事ができるか。われわれは、監獄で商売のやり方など勉強しなかったぞ」といった反対論が次から次へと出る状況でした。多くの共産党員にとっては、青天の霹靂のような話でした。

そういうことも乗り越えて踏み出した新しい道が、「新経済政策」でした。経済の遅れなど、ロシア独特の条件もありましたが、市場経済の活力を導入して荒廃した経済の立て直しをやるというだけでなく、資本主義との競争に打ち勝てるような社会主義・共産主義をつくってゆくためには、市場経済が重要だ、そのなかでわれわれも鍛えられてゆく必要がある、という方針です。市場経済の効用を受け止め、これを活用して、社会主義・共産主義をめざす方向が、干渉戦争のきびしい経験をへて、歴史上初めて打ち出されたのです。

スターリンらは、市場経済に代わるモノサシを見つけられなかった

レーニンは、その「新経済政策」の実行状況をよく見る余裕がないまま、一九二四年に亡くなり、その後、ソ連の指導者となったスターリンは、それからわずか数年で、「新経済政策」をいとも簡単に捨てて、市場経済を追放してしまいました。

しかし、スターリン以後のソ連経済がぶつかった困難の一つに、市場経済は追放したものの、それに代わるものを見いだしえなかった、という問題がありました。

商品生産社会、資本主義社会では、一人の生産者にとっても、一つの企業にとっても、その生産活動の成果は、市場経済のなかで計られます。自分が一〇時間働いたつもりでいても、問題は社会的平均労働ですから、平均労働で八時間分の仕事しかできていなければ、それだけの評価しかされません。つまり、市場経済では、活動の成果が価値で計られるのです。しかし、ソ連では、市場経済とともに、その価値を追放してしまいました。では、経済活動の成果を計るのに、価値の代わりに、何を使うかを考えたのかもしれませんが、なかなかうまいモノサシが見つからないのです。

スターリンが市場経済を追放してから三〇年ほどあとのことですが、当時、ソ連の指導者だったフルシチョフ〔★111〕が、一九五九年に開かれた党の中央委員会総会で、ソ連経済で使われて

★111　**フルシチョフ**、ニキータ・セルゲーヴィッチ（一八九四～一九七一）　ソ連共産党の書記長（一九五三～六四年）。一九五六年の党大会ではスターリンへの〝個人崇拝〟批判の報告を行なった。国際政治では無原則的な対米接近路線を推進、また日本共産党への大規模な干渉攻撃を組織した。

いる企業活動のモノサシについて、いかにばかげたことをやっているかと、怒りにみちた発言をしたことがありました。モノサシとして、価値のかわりに目方を使っている、というのです。

たとえば、真っ先にあげられたのは、シャンデリア工場の実例でした。「シャンデリアは住宅を美しく飾る」ものなのに、工場は目方の重くなるシャンデリアばかり作りたがる、それは生産活動の成果を製品の目方で計っているために（笑い）、「できるだけ重く作れば作るほど多くの金になる」からだ（笑い）、というのです。

次に、家具工場がやり玉にあげられました。「消費者は、ソビエト製の家具を買わないで、外国製のものを探している。わが国の家具工場は、成績をあげようと思って、使いものにならない大きい肘掛け椅子ばかりつくるからだ」（笑い）。

機械はどうか。「わが国では、機械製造工業の多くの製品の生産計画は重量によっている。それが理由で、台架（だいたな）――機械を乗せる土台のことです――なども、必要な基準の二倍以上も重くつくられている」。ここでも、重い機械をつくればつくるほど、計画が超過達成され、割増の報奨金をもらえるのです。

これが、スターリンが、市場経済を追放してほぼ三〇年たったソ連経済の状態でした。党の責任者であるフルシチョフの目から見てさえ、これは、がまんできない不合理きわまる状況でした。では、この批判をうけて、事態は改善されたかというと、さっぱり改善されないのです。それから三年たった一九六二年、同じフルシチョフが、党中央委員会総会への公式の報告で、まったく同じ批判をしていました。こんな調子です。

「生産計画の遂行に関する現在の指標は、企業活動の正確な特徴づけには不十分である」。「セメントにはいろいろな品質のものがあり、よい品質のものほど生産費は高いから、一トンあたりのセメントの原価は品質に応じて違ってくる。このことは誰でも分かっていることなのに、生産計画では、セメントの生産高はトンで計算されている」。「圧延鋼（あつえんこう）の生産もトンで計算されている。トン数は同じでも、生産に必要な労働量は、重量製品の場合と、小型の圧延鋼、冷間圧延鋼板、鋼管などの場合とでは、まったく違ってくる」。「製品の品目を度外視した単純な数量的指標が、企業の活動について正しい概念を与えてくれないことは、はっきりしている」。

不合理だと分かっても、価値に代わるモノサシが見つけられない、これが、スターリン以後のソ連経済でした。これにくらべれば、生産高や生産の能率などを、それに必要とする社会的な平均労働時間を基準にして、おのずから計算してしまう市場経済というのは、なかなか値打ちのあるものだということが、こういう実態からも分かります。

市場経済による点検の重要性

私は、フルシチョフの報告を読んで、思い出したことがありました。一九七〇年代に、ベトナム戦争がベトナム人民の勝利のうちに終わって平和が回復された時、日本共産党は、経済調査団をベトナムに送ったことがあるのです。経済再建にあたって、いろいろ智恵を借りたいというベトナム側の要請にこたえてのことでしたが、その調査団が、ベトナムの農村に視察にいった時の話です。農業機械化への援助にと、ソ連から田植え機が贈られてきて、その試運転をやるという現場にぶつかりました。贈られた田植え機を、いよいよ田んぼに出動させてみると、これが重いんですね（爆笑）。重ければ重いほどよい、という工場でつくった機械ですから、田んぼのなかへどんどん沈んでゆく（笑い）。せっかくいただいたものだからというので、ベトナム側で工夫し、田植え機の両側に浮き具としてボートをつけてみた。そうしたら、田植え機は浮くには浮いたんだが、今度は、そのボートが、植えたばかりの苗を次々となぎたおしてゆく（笑い）。

フルシチョフの先ほどの報告と、ベトナムでの実地の見聞を重ねて考えてみると、ソ連では、七〇年代になっても、引き続き目方の重い機械を作っていたことが分かりました。

もう一つ、実例を言いますと、東欧でソ連型の体制が崩壊し、東ドイツが西ドイツと合体して、統一ドイツが実現した時のことです。東ドイツというのは、旧東欧世界では、もっとも工業生産の発達しているところとされていました。それが、西ドイツとの統一で、経済の実態が明るみに出てみると、たしかに一定のものは生産できるのだが、コストや品質での競争力がまったくない、と報道されました。私は、この報道に接して、市場競争の試練にたえずさらされている西ドイツの工業と、経済活動の成績をソ連流に目方で計っていたかどうかは知りませんが、市場での点検をうけない経済体制にあった東ドイツの工業との落差を、強く感じさせられたものでした。

「市場競争で資本主義に負けない社会主義を」というのは、「新経済政策」に踏み切った時のレーニンの言葉ですが、やはり、市場経済のもとで、資本主義に勝てるような社会主義経済をつくらなかったら、社会主義の未来はない、というのは、非常に重要な点だと思います。

「市場経済を通じて社会主義へ」の道にどんな問題があるか?

社会主義の立場で、市場経済に取り組む場合、それにともなう問題点がいろいろあります。

第一に、市場経済が、いろいろな否定面をもっていることは、先ほど見ました。その点ではまず、生産の無政府性が生み出す不況や雇用問題、利潤第一主義や拝金主義の横行、弱肉強食による経済格差や社会的被害、環境問題などなどが、あげられるでしょう。こういう問題にたいして、社会主義をめざすならば、それ相応(そうおう)の対応が、当然、求められます。ここで、資本主義を乗り越えようとする社会の体制的な優位性をどうやってはかるのか、これは、「市場経済を通じて社会主義をめざす」取り組みにとって、欠くことのできない重要問題になってくるでしょう。

第二に、市場経済の否定的な側面は、資本主義のもとでも、野放しにされてきたわけではありません。一方では、労働者・国民の側からの切実な要求と運動があり、他方では、体制側の、矛盾を緩和して体制存続の基盤を強くしたいという願望もあって、あれこれの否定的な傾向の暴走をおさえる歯止め装置を、資本主義の国ぐには、これまでの歴史のなかで、多かれ少なかれかちとってきました。日本は、歴史的な事情からこの歯止め装置がヨーロッパにくらべてきわだって弱い国で、私たちは、日本資本主義のこの特徴を〝ルールなき資本主義〟と呼んでいます。

この歯止め装置を本来の社会主義の特質に即して発展させることが、重要になってきます。

第三に、「市場経済を通じて社会主義へ」の道の一歩一歩が、国民多数の支持を必要とすることですし、市場経済の発展とそれにともなう社会的な変化が、政治の面でも、民主主義の拡大を要求する力として働くことも、重要なことです。

私は、一九九八年七月、毛沢東（もうたくとう）〔★112〕派の乱暴な干渉〔★113〕によって断たれた中国共産党との関係を正常化して、一九九八年の訪中〔★114〕をした時、当時、副主席（党政治局常務委員）だった胡錦濤（こきんとう）〔★115〕氏との会談のなかで、中国の今後の発展の展望と政治的民主主義の問題について、次のような問題を提起しました。

「政治制度の問題では、そこにおこった最近の問題について、率直にのべておきたいと思います。

八九年に天安門事件〔★116〕がおきたとき、わが党は、平和的な運動を武力行使でおさえることは、社会主義的民主主義とは両立しえない暴挙だと指摘しました。この問題では、いまも意見と評価のちがいがありますが、きょうは、この問題で討論しようと思ってきたわけではありません。

★112 **毛沢東**（一八九三～一九七六）　中国共産党の指導者。その理論と方針は中国革命の成功に大いに貢献したが、晩年は、「文化大革命」を激発させ、また日本共産党などへの干渉攻撃の先頭に立って、内外に大きな被害をもたらした。

★113 **毛沢東派の乱暴な干渉**　一九六六年に始まった「文化大革命」のなかで、毛沢東派が、日本共産党にたいし無法な非難攻撃を開始し、日本国内の親中国派をけしかけて乱暴な干渉攻撃をしかけてきたこと。

★114 **一九九八年の訪中**　日中両党間の交流では、一九六六年に、宮本顕治書記長を団長とする日本共産党代表団の一員として両党会談のために訪中していた。この時確認しあった友好関係が、その年の後半に始まったいわゆる「文化大革命」のなかで、破棄されたのだった。この問題は、九八年の両党会談で、中国側が干渉の誤りを認めて解決された。

★115 **胡錦濤**（一九四二～）　中国共産党の指導者。党総書記、国家主席を歴任した。

★116 **天安門事件**　一九八九年四月、胡耀邦（こようほう）（＊）総書記の死を契機にして強まった民主化運動を、人民解放軍が武力で弾圧した事件（天安門事件と呼ばれる弾圧事件は、一九七六年と一九八九年との二回あるが、ここでは後者を指した）。

＊ **胡耀邦**（一九一五～八九）　中国共産党の指導者。国務院副総理、党主席、党総書記を歴任。

私たちは、より根本的な問題として、将来の展望の問題がある、と思います。将来的には、どのような体制であれ、社会にほんとうに根をおろしたといえるためには、言論による体制批判にたいしては、これを禁止することなく、言論で対応するという政治制度への発展を展望することが、重要だと考えます。レーニン時代のロシアでも、いろいろな権利制限の措置がとられましたが、レーニンは、それは革命の一局面の過渡的な制限であって、将来は制限をなくすということを、理論的にも政治的にも明確にしていました。将来的なそういう方向づけに注目したい、と思います」（不破『日本共産党と中国共産党の新しい関係』一九九八年、新日本出版社、一〇一ページ）。

「市場経済を通じて社会主義へ」の道は、将来の日本の発展においても、一つの重要な特徴となることは、言うまでもありません。その意味でも、この角度からの市場経済の研究は、特別な意義をもっています。

これで、市場経済の研究を中心にした『資本論』第一部第一篇は終わります。『資本論』では、第一篇がいちばん難しいとよく言われます。かなりのスピードでしたが、ともかくその第一篇を読み終えました。途中に引っ掛かるところがあっても、ここで引っ掛かったということが分かっただけでも一歩前進だと割り切って（笑い）、次回は、いよいよ『資本論』の本題である「資本」が登場する第二篇とそれ以後に進んでゆきたい、と思います。

マルクス、『資本論』の準備と執筆をめぐる年譜

	マルクスの活動	著作・草稿・ノート・書簡など
1818	5月　マルクス誕生（ドイツ西部の都市トリーア）。	
36	8月　ボン大学法学部の課程を修了。 10月　ベルリン大学法学部に転学。	
41	3月　ベルリン大学卒業。 7月　ボンに移る。	
42	4月　「ライン新聞」に寄稿開始。 10月　「ライン新聞」主筆となる。ケルンに移る。 11月　エンゲルスとの最初の対面。	
43	3月　「ライン新聞」を退社。 6月　クロイツナハでイエニーと	

	結婚。 10月　パリに移り、『独仏年誌』の刊行準備。 11月　この頃から45年1月まで、パリで、フランスの社会主義者や共産主義者との交流が始まる。そのなかに、正義者同盟の幹部も含まれた。	7～8月　『クロイツナハ・ノート』（五冊）（経済学の文献の研究はない）。 夏　クロイツナハで「ヘーゲル国法論の批判」を書く。 10月～45年1月　『パリ・ノート』（九冊、最初の経済学ノート）。スミス『諸国民の富』、リカードウ『経済学および課税の原理』をフランス語訳で研究。 秋～44年1月　『独仏年誌』のために「ヘーゲル法哲学批判序説」、「ユダヤ人問題によせて」を執筆。
44	1月　エンゲルスの論文『国民経済学批判大綱』に衝撃を受ける。 2月　『独仏年誌』出版。 8月　エンゲルスとの二度目の本格的な出会い。	前半　ジェームズ・ミル『政治経済学要綱』の抜粋（いわゆる『ミル評注』）を書く（『パリ・ノート』）。 5～8月　『経済学・哲学手稿』執筆。 9～11月　エンゲルスとの最初の共同作業として、著作『聖家族』の執筆に取り組む（刊行は45年2月）。
45	2月　正義者同盟の幹部をはじ	

め、パリの活動家たちとの文通を続ける。

2月　ドイツの出版者レスケと、『政治学および国民経済学の批判』（二巻）の出版契約を結ぶ。

2月　プロイセン政府の圧力で、パリから追放され、ブリュッセルに移る。

『聖家族』刊行される。

5月　〔エンゲルス『イギリスにおける労働者階級の状態』を刊行〕

7～8月　経済学研究の資料収集を目的に、エンゲルスとともに、マンチェスターを訪問する。

2～4月　『ブリュッセル・ノート』（六冊）。

3月　ドイツの経済学者リストを批判する著作の計画について、エンゲルスに知らせる。その下書き「〔フリードリヒ・リストの著書『政治経済学の国民的体系』について〕」を書く。

4～5月　「フォイエルバッハについてのテーゼ」を執筆する。

7～8月　『マンチェスター・ノート』（マルクス分五冊、エンゲルス分三冊）。

9月～46年　『ドイツ・イデオロギー』をエンゲルスと共同で執筆。このなかで、史的唯物論の基本的な立場をほぼ完成した形で定式化する。

		『ブリュッセル・ノート』（続き）（～46年）。
46	この年の初め　ブリュッセルに共産主義通信委員会をエンゲルスとともに設立。	9月～　グスタフ・ギューリヒ『現代の最も重要な商業諸国の商業、工業および農業の歴史的叙述』、マリー・オジェ『公的信用について』などの抜粋ノート（～47年12月）。ギューリヒからの抜粋は、ノート三冊、約二〇〇ページにも及ぶ膨大なもので、世界の経済史についてのマルクスの知識の源泉の一つとなった。 12月　アンネンコフへの手紙でプルードンの見解にたいする体系的な批判を展開する。
47	1月　正義者同盟からの加盟要請の特使。同盟の再組織を条件に、エンゲルスとともに加盟する。 6月　同盟の大会（ロンドン）にエンゲルス出席。大会で共産主義者同盟への名称変更を決議。 7月　『哲学の貧困』出版。 10月～48年3月　〔イギリスの経	1～6月　『哲学の貧困』執筆。このなかで、リカードウの価値論にたいするそれまでの否定的な評価を捨て、労働価値説を擁護する立場に移ったことを、公式に明らかにする。

年	事項	マルクスの仕事
	済恐慌〕 11〜12月　共産主義者同盟第二回大会（ロンドン）にエンゲルスとともに出席。	12月　ドイツ労働者協会（ブリュッセル）で、賃労働と資本について講演。論文「賃金」の草稿を執筆。
48	2月　〔フランスで革命始まる〕 3月　パリに移る。〔オーストリア、ドイツで革命〕 4月　革命の始まったドイツに帰国。 6月　ドイツの都市ケルンで「新ライン新聞」創刊。	1月　『共産党宣言』の原稿完成（2月出版）。
49	5月　プロイセン政府、マルクスに追放命令。	4月「賃労働と資本」（「新ライン新聞」連載）。まだ、労働力の売買という核心に到達せず、価値法則を搾取論に結びつけることに成功していない。

50

「新ライン新聞」廃刊。

6月　パリに移る。

6〜7月　エンゲルス、ドイツ南部で「憲法戦役」に義勇軍副官として参加。

7月　〔ドイツ革命終結〕

8月　ロンドンに亡命。

8月末〜9月初め　共産主義者同盟中央委員会の活動再開。

11月　エンゲルス、ロンドンに到着。

1月　「評論　一八五〇年一〜二月」（2月）、「評論　一八五〇年三〜四月」（4月）、「評論　一八五〇年五〜一〇月」（11月）を『新ライン新聞、政治経済評論』に連載（全集⑦）。そのなかで、この時期のヨーロッパ経済情勢の刻々の分析を行なう。10月に執筆した第三論説では、「新しい革命は新しい恐慌につづいてのみ起こりうる」（同前四五〇ページ）という「恐慌＝革命」説を提起した。

8月〔イギリスで一〇時間労働法成立〕
9月　共産主義者同盟、ヴィリヒ派と分裂。中央委員会の所在地をケルンに移す。
9月　大英博物館を拠点に経済学の研究を再開。
11月　エンゲルス、マンチェスターの商会で働くことにする。

9月『ロンドン・ノート』(～53年8月、二四冊)。スミスとリカードウの主著を英語版で研究した。

51

1月　エンゲルスにあてて、リカードウの地代論を研究した成果について書く。
2月　エンゲルスに、リカードウの通貨理論の批判について書く。
3月　それまでのノートを抜粋的にまとめた「ブリオン〔地金〕完成された貨幣制度」(五二名の経済学者からの抜粋と評注)をつくる。
3月「省察」(経済学の最初の小論)。恐慌論の核心にかかわる四つの着眼点を提起。
4月　リカードウ『経済学および課税の原理』について、多

52

8月　アメリカの新聞「ニューヨーク・デイリー・トリビューン」に寄稿を開始する（～62年3月）。

12月〔フランスでルイ・ナポレオンのクーデター、帝政復活へ向かう〕

くの評注を含む膨大な摘要をつくる。

9～10月　機械制生産の研究と関連して、技術の歴史を研究し、ポッペ、ベックマン、ユアの著書から、多数の抜粋をつくる。

11月　マンチェスターのエンゲルスのところで、経済学の著作について相談。第一巻・第二巻で経済学の批判と歴史的な部分、第三巻で社会主義者たちの批判、第四巻で経済学批判の残りの部分と「積極説」（共産主義論）というプランをたてる。

1～2月　ヴァイデマイアーやラサールに、経済学の著作の出版者を見つける問題について書く。

4月　エンゲルスとのあいだで、恐慌の切迫を示す諸兆候に

	10月　イギリスのチャーチストの新聞「ザ・ピープルズ・ペイパー」に寄稿を始める（〜56年12月）。 10月〜11月　プロイセンでケルン共産党裁判。 11月　共産主義者同盟、解散を決議。	ついての意見交換が始まる（この意見交換は、57年に恐慌が現実に勃発するまで続けられた）。
53	1月　『ケルン共産党裁判の真相』出版。	2月　新聞論説「サザランド公爵夫人と奴隷制度」。サザランド夫人は、一九世紀に農民を大規模に土地から追い立てた農村「清掃」の代表的人物。耕地を牧羊場に変えるために、村落を焼き払い、一万五〇〇〇人の氏族員を追い払った。マルクスは、サザランド家の現在の公爵夫人が、アメリカの黒人奴隷にたいする「同情」をひけらかしていることを皮肉って、この論説を書いた。論説は、

年		
		『資本論』第一部の「本源的蓄積」論で活用された。 6月　インドについて研究し、共同体の存在に深く注目する。エンゲルスへの手紙のなかで描きだされたインドの村落における分業についての記述は、そのまま、『資本論』第一部の「分業とマニュファクチュア」の章に再現している。 9月　エンゲルスに、経済学の著作を仕上げる必要について書く。
54	12月　ドイツの「新オーダー新聞」に寄稿を開始する（〜55年10月）。	12月〜55年2月　それまでにつくった経済学のノートを通読し、その簡単な摘要『貨幣、信用、恐慌』をつくる。この作業について、55年2月のエンゲルスへの手紙で、「これは経済学を書きあげるためではないが、とにかく材料を自分のものにしていつでも原稿に取り入れられるようにしておくため」（全集㉘三四八ページ）と説明（この摘要は、『五七〜五八年草稿』や『資本論』第三部の執筆のさいに利用された）。
55		1月　新聞論説「〔産業＝および商業恐慌〕」。
56		6〜7月　連続論説「フランスのクレディ・モビリエ」

57

9月 〔アメリカを起点に、恐慌はイギリスに波及し（11月）、世界的な経済恐慌に発展〕

10~12月 「〔ヨーロッパの経済恐慌〕」をはじめ、ヨーロッパの恐慌問題で論説。

4月 新聞論説「工場労働者の状態」。工場監督官の報告書を、イギリスの工場制度のもとでの労働者の状態の告発のために最初に活用した。このあとにも一連の論説が続き、この方法が『資本論』に全面的に生かされることになる。

7月 アメリカの百科辞典『ザ・ニュー・アメリカン・サイクロペディア』と契約し、エンゲルスとともに、軍事問題中心に八〇を超える諸項目を執筆（~60年11月）。

7月 『五七~五八年草稿』（ノート七冊）の執筆開始。草稿「バスティアとケアリ」。

8月 『五七~五八年草稿』、「序説」を執筆。

9月 ドナウ諸国について三つの論説を書くが、「トリビューン」紙から掲載を断られる。この時、マルクスが、イギリスの歴史家ルニョーの『ドナウ諸公国の政治・社会史』（一八五五年）などを読んで行なった研究は、『資本論』第一部（第八章「労働日」第二節「剰余労働にたいする渇望。工場主とボヤール」）に生かされた。

10月　『五七～五八年草稿』（『経済学批判要綱』）の本体部分の執筆を開始し、貨幣の章を書く。

10月　ヨーロッパとアメリカの恐慌の推移について、詳細なノートをつくる。『一八五七年恐慌ノート』、『一八五七年、フランス』、『商業恐慌ノート』（～58年2月）。

11～12月　恐慌問題で一連の論説。

11月　『五七～五八年草稿』、資本の章を書く（～58年6月）。

11月　新聞論説「一八四四年の銀行法とイギリスの貨幣恐慌」。ここでの「工業の崩壊」についてのマルクスの予告は、ただちに立証された。

以降、58年1月まで、恐慌問題で一連の論説。

12月　「経済学の要綱の仕上げ」と「現在の恐慌」の追跡と二重の仕事に熱中している状況について、エンゲルスやラサールに書く。

58

1月　草稿執筆の途中、ヘーゲルの『論理学』を読んだことをエンゲルスに知らせ、それが「大いに役に立った」と語る（全集㉙二〇六ページ）。

1～2月　『草稿』のなかで、「資本主義的生産に先行する諸形態」を執筆。

3月　ベルリンの出版者ドゥンカーと経済学の著作の出版の契約を結ぶ（ラサールの仲介による）。

2月　ラサールにあて、準備中の経済学の著作が、（1）資本、（2）土地所有、（3）賃労働、（4）国家、（5）国際貿易、（6）世界市場、の六篇構成になることを、知らせる（『書簡選集』上・一一九ページ、全集㉙四三〇ページ）。

2月末～5月　『五七～五八年草稿』、最後のノート（第七冊）で、利潤率低下の法則を記述。

3月　恐慌の周期の物質的基礎の探究に関連して、エンゲルスに、固定資本の平均的な償却期間の実際について質問する。

4月　エンゲルスに、経済学の著作の6巻構成とともに、最初の巻「資本」が、（a）資本一般、（b）競争、（c）信用、（d）株式資本の4篇に分かれることを知らせ、（a）の最初の部分をなす「1　価値」、「2　貨幣」の内容について報告する（『書簡選集』上・一二一～一二六ページ、全集㉙二四六～二五〇ページ）。

5月　マンチェスターのエンゲルスを訪ね、経済学の草稿に、細部にわたる手入れを行なう。

6月　『五七～五八年草稿』の事項索引「七冊のノートへの索引」をつくる。

59

6月　『経済学批判、第一分冊』ベルリンで刊行。

8月　『経済学批判』第一分冊の執筆を開始。
8〜9月　銀行法および恐慌問題で一連の論説。「イギリスの商業と金融」（10月）で、恐慌問題の重要な問題提起を行なう。

1月　『経済学批判』第一分冊の原稿完成。それが「資本」の章をまだ含まず、商品と貨幣の章だけとなったことについて、エンゲルスに知らせる。
2月〜63年6月ごろ　『五七〜五八年草稿』のノート第七冊の後半部分に、経済学の諸文献の抜粋を書きこむ。いわゆる「ノート第七冊（ロンドン、59〜63年）」である。
2月　『経済学批判・序言』を執筆。そのなかで、「ブルジョア経済の体制」を次の順序で考察するとして、「資本、土地所有、賃労働、そして国家、外国貿易、世界市場」をあげ、自分の著書の六部構成のプランを初めて公表する（同名古典選書、一一ページ、全集⑬五ページ）。また、そのなかで、史的唯物論の基本的な見地の有名な定式化を行なう。

		秋　ロンドンのドイツ人労働者に経済学の講義を行なう（その時の手稿の一部「〔分業について〕」が残されている）。
60	2月　フォークトの反共攻撃への反撃を決意。 12月　論難書『フォークト君』公刊。	1月　一八五〇年代後半（55〜59年上半期）の『工場監督官報告書』を研究し、エンゲルスの『イギリスにおける労働者階級の状態』（45年）を再読する。これが、『資本論』第一部の「労働日」や「機械と大工業」での独特の資本主義批判――資本主義的搾取にたいする理論的批判と事実の集大成による歴史的告発とを結びつける生きた記述への出発点となった。 1〜2月　それまでの抜粋ノートから「引用ノート」への「索引」をつくる。 「資本主義的生産」の用語、初めて登場。
61	4月　〔アメリカの南北戦争始まる〕 6月　ウィーンの新聞「ディー・	

プレッセ」に寄稿を求められる（〜62年12月）。

6〜7月　諸草稿を論点別に整理して「私自身のノートにかんする摘録」をつくる。

「資本主義的生産様式」の用語の使用。

夏（推定）「資本に関する章のプラン草案」を書く。

8月『六一〜六三年草稿』（ノート一―二三冊）を、『経済学批判、第一分冊』の続編として、「I　資本の生産過程」から執筆開始（〜63年7月）。

10月〜62年10月　南北戦争に起因する綿業恐慌について、一連の論説。

12月「資本の生産過程」を中断して、「第三章　資本と利潤」の執筆に移る。

61〜63年。機械についての集中的な勉強を行ない、「技術学に関するノート」を読み返すとともに、この問題の労働者向け実用講義に加わったりした。

62

1月「剰余価値に関する諸学説」の執筆開始。

春　スミス研究のなかで、再生産論の集中的な研究を行なう。

6月　ロートベルトゥスの地代論などの研究。続いて、リカードウの地代論、利潤論、恐慌論などの集中的な研究。地代論では、絶対地代論を基本的に完成させた。恐慌論では、『資本論』準備過程でのもっとも包括的な研究となる。

8月　エンゲルスへの手紙で、自分の地代論の要旨を説明し、それを「平均利潤率」に関する命題の「例解」として、著作の一章に取りこむ計画について語る。

12月　クーゲルマンへの手紙で、『経済学批判』の続きは、「資本」（これが『資本論』となってゆく）（『書簡選集』上・二〇五ページ、全集㉚五一八ページ）の名で発行するという考えを知らせる。

12月（または63年1月）『草稿』のなかに、『資本論』第三部と第一部のプランを書きこむ。

63

5月　〔全ドイツ労働者協会（ラ

1月　エンゲルスに、『資本論』で展開する機械論の概要について、手紙で説明する。

3～7月　経済学の文献史にかかわる抜粋ノート『サブ・ノート』（AからHまでの番号をつけた）をつくる。

5月　単純再生産の総過程を示す「経済表」を作成する。

サール派）創立〕

6~7月　『六一~六三年草稿』の執筆を終える。

7月　自分の「経済表」を使って、再生産論の到達点をエンゲルスに手紙で説明する。

8月　『資本論』の本格的執筆を決意し、まず第一部の草稿の執筆を開始する。

64

8月　〔ラサール、決闘で死亡〕

9月　国際的労働者集会に出席。ここで国際労働者協会（第一インタナショナル）の設立が決議され、マルクスは暫定委員会に選ばれる。

11月　暫定委員会は、マルクスが起草した創立宣言と暫定規約を採択。マルクス、中央評議会の一員となる（この中央評議会がのちに総評議会となっ

夏　第一部草稿を書き上げる。現在、草稿として残っているのは、「第六章　直接的生産過程の諸結果」だけ。

夏以降　第三部の執筆にかかり、年末までに、第一章から第三章（現在の第一篇から第三篇）までを書き終える。

た）。

65

3月　ハンブルクの出版者マイスナーと『資本論』の出版について契約を結ぶ。

この年の前半　『資本論』第二部の最初の草稿・第一草稿を執筆する。「流通過程の短縮」が恐慌を引き起こす運動形態となることを発見する（恐慌の運動論）。

6月　国際労働者協会の中央評議会の会議で、「賃金、価格および利潤」について講演し、剰余価値論を説明する（ウェストンへの反論）。

夏　第三部後半（第四篇～第七篇）の執筆を開始する。第四篇では、商業資本の運動に中心をおいて、第二部第一草稿で発見した恐慌の運動論を詳論する。

7月　エンゲルスへの手紙で、『資本論』の執筆状況を説明するとともに、自分の著作の特質を「一つの芸術的な全体」をなすものとして特徴づける。

12月　『資本論』第三部の草稿を書き上げる。

この年　『資本論』第二部第三草稿の執筆を始める（～67年）。

66

1月　『資本論』第一部完成稿の「清書と文体の手入れ」に

5月　〔イギリスの恐慌。恐慌状態は、67年、68年まで続く〕

着手（～67年4月）。現実には、第七篇「第二三章　資本主義的蓄積の一般的法則」などの新稿執筆や、資本主義的生産の「必然的没落」論の新たな定式をはじめ、第一部の構想を本格的に再編・発展させる大作業となった。そのなかで、これまでの草稿で導入されていた「全体労働者」や「独自の資本主義的生産様式」などの概念にも、特別の重要な意義が与えられた。

1～3月　重病。回復の時期に、労働監督官の報告書を利用して、「労働日」の章を書く。

2月　エンゲルスに、『資本論』の原稿の完成を知らせるとともに、地代論など最後の時期の研究の状況について語る。そのなかで「日本についての解明」も重要だったこと、そのために一連の「旅行記」を読んだことが記されている（『書簡選集』上・二七六～二七八ページ、全集㉛一四八～一四九ページ）。

8月　国際労働者協会ジュネーブ大会のために、「個々の問題についての暫定中央評議会代議員への指示」を執筆。そこでは、『資本論』執筆での工場労働研究の成果が、

9月　国際労働者協会ジュネーブ大会。マルクスが執筆した「規約」や一連の決議が採択された。

労働組合運動の位置づけ、労働日、年少者・児童の労働と教育、協同組合運動など、広範な問題に生かされ、国際的な運動の指針となった。この「指示」は、ジュネーブ大会（9月）で、中央評議会の公式の報告として読み上げられ、その主要項目が決議として可決された。

10月　クーゲルマンに、四部構成となる『資本論』の総プランを知らせる。

67

4月　『資本論』の印刷のため、ドイツのハンブルクにゆき、出版者のマイスナーと相談。

4月　『資本論』第一部の仕事が終了する。

4月　ドイツの友人マイアーへの手紙で、刊行準備中の『資本論』を紹介して、「これまで利用されたことのない官庁資料」によって、イギリスのプロレタリアートの状態、アイルランドの状態を述べていることを指摘（全集㉛四五〇ページ）。

5月　エンゲルスへの手紙で、第二巻（第二部・第三部）の完成のためには、「信用や土地所有」の諸章にかかわる、原稿作成以後の「多くの新材料」の研究が重要だという考えを書き送る（全集㉛二四八ページ）。

6月　エンゲルスやクーゲルマンの助言にしたがって、『資本論』第一部への付録「価値形態」を書く。

7月　『資本論』第一部の「序文」を書く。

8月　『資本論』第二部のために、固定資本の回転の問題を研究し、エンゲルスに質問の手紙を書く。

9月　国際労働者協会ローザンヌ大会。

9月　『資本論』第一部、出版される（発行部数一〇〇〇部）。〔エンゲルス、いろいろな筆名で『資本論』の書評作戦を展開（～68年3月）〕

68

1月　エンゲルスへの手紙で、『資本論』第一部の「三つの根本的に新しい要素」について書く（全集㉜一〇～一一ページ）。

3月　マウラーの著作によって、ドイツの共同体の諸制度の歴史を研究する。

	69
9月〔国際労働者協会ブリュッセル大会で、『資本論』の意義を強調し、各国語への翻訳を勧告する決議を採択〕	8月〔アイゼナハで社会民主労
4月 エンゲルスに、貨幣価値の変動と利潤率との関係について書く（全集㉜五五～五七ページ）。続く手紙で、『資本論』第二部、第三部の構想を説明する（『書簡選集』中・四二～四九ページ、全集㉜五九～六四ページ）。 7月 クーゲルマンへの手紙で、価値法則の歴史的な意義を解明（『書簡選集』中・五一～五五ページ、全集㉜四五三～四五五ページ）。 7～8月 国際労働者協会総評議会で、「資本家による機械の使用の結果」について（7月）、また「労働時間の短縮」について（8月）演説し、「資本家による機械の使用の結果についての決議案」と「労働日の制限についての決意案」を執筆した（8月）。これらの決議案は、ブリュッセル大会（9月）で採択された。 この年 『資本論』第二部第四草稿を執筆。草稿『資本論』第二部第二草稿の執筆開始（～70年の年央）。	8月 国際労働者協会総評議会で、現代社会における普通教

	働者党（アイゼナハ派）が創立された〕	育の意義について演説。 11月　国際労働者協会総評議会でアイルランドの民族解放運動の問題が取り上げられたことを契機に、アイルランド問題の集中的な研究をする。その成果は、『資本論』のフランス語版および第三版での「資本の蓄積過程」の篇に生かされた。 　エンゲルスへの手紙で、リカードウの地代論とアメリカでの農業問題について書く。 この年　『資本論』第三部のために、ベルギーなどの小土地所有やロシアの共同体的土地所有を研究する意欲を、友人たちへの手紙で表明する。
70	7月　〔フランス＝プロイセン戦争勃発〕 9月　エンゲルス、ロンドンに移り、マルクスの近くに住むようになる。	年央　第二部第二草稿、ほぼ仕上がる。
71	3月　〔パリ・コミューン設立〕 5月　〔コミューン防衛の最後の	4月～5月　「フランスにおける内乱」の草稿および成文を

戦闘、終結。この時の残虐な弾圧が「血の一週間」と呼ばれた〕

国際労働者協会総評議会、マルクスが起草した呼びかけ「フランスにおける内乱」を採択。

7月　国際労働者協会にたいするバクーニン派の分裂・破壊活動との闘争が本格化する。

9月　〔国際労働者協会ロンドン協議会開催。マルクスはエンゲルスとともに、その準備と成功のために、決議案の執筆、会議での一連の演説など、積極的に活躍した。この協議会は各国で独立の労働者

書く。この中で、共同社会の形成過程についての見解を発展させる。

6月　ダニエリソーンへの手紙で、『資本論』の続巻は「原稿をすっかり書き直すことが必要だと考えている」（全集㉝一九三ページ）と書く。

政党を創設することの重要性を強調した〕

12月　『資本論』第一部第二版の準備に着手。「第一章　商品と貨幣」を全面的に書き換える。また第一版出版のさいのエンゲルスの意見をとり入れて、「労働日」や「機械と大工業」の章を多くの節・項に区分して見出しをつけるなど、全体の叙述を抜本的に改善する。

72

2月　フランスの出版者ラシャートルと『資本論』フランス語版の出版契約を結ぶ。

3月　『資本論』第一部ロシア語訳、ペテルブルクで出版。

7月　『資本論』第一部第二版第一分冊が出版される。

3月　フランス語版の校閲にあたり、多くの部分を自分で訳し、理論的にも多くの点で新たな展開をはかる。

3〜4月　国際労働者協会のイギリス・マンチェスター支部の質問書に答えるために、手稿「土地の国有化について」で、社会変革のもとでの農民問題の解決について新しい展望を示す。

9月　国際労働者協会ハーグ大会。マルクス、大会に出席して、指導の活動に直接当たる。国際労働者協会は総評議会をアメリカに移し、ヨーロッパでの活動を終結させる。

9月　『資本論』第一部フランス語訳の第一回配本分（第一～第五分冊）、出版される。

12月　ダニエリソーンへの手紙で、第三部の土地所有に関する篇で、「ロシア的形態をうんと詳しく取り扱うでしょう」（全集㉝四四四ページ）と、予告する。

それ以前から、ロシアから土地所有の歴史と現状を中心に多くの資料、文献を取り寄せ、ロシア問題の研究に打ちこみ、この研究を最後まで続けた。エンゲルスによれば、マルクスは「一八六一年の『改革』〔〝農奴解放〟

年		
		——不破〕以後ロシアで〔その作成が〕避けられなくなった土地所有にかんする統計記録やその他の公刊物——これらはロシアの友人たちによってもっとも望ましい完全さでマルクスの使用に供された——を、数年来、原語で研究し、抜き書きしてきており、この篇〔第三部第六篇のこと——不破〕を新たに書きなおすさいにそれらを利用するつもりだった」（エンゲルス、『資本論』第三部「序言」、『資本論』⑧一七ページ、〔Ⅲ〕14ページ）。
73	〔恐慌が、アメリカを起点（9月）にヨーロッパに波及して長期にわたって続き、79年まで慢性的な状況を呈する〕 6月　『資本論』第一部第二版、合本として出版される。	1月　『資本論』第一部第二版への「あと書き」を書く。 この年以降　膨大な統計諸資料や公式報告を集めて、ロシアの土地諸関係についての集中的な研究を続ける（～82年）。
74		74～75年初め　バクーニンの著書『国家制と無政府』の摘要を書き、そのなかで社会革命の性格、農民との関係、展望などを論じる。
75		4月　『資本論』フランス語版への「あと書き」で、この版

5月　〔ドイツでアイゼナハ派とラサール派の合同大会が開かれ、ドイツ社会主義労働者党が結成される〕

11月　『資本論』第一部フランス語版の最終分冊が出版される。

が「原本とはまったく別な一つの科学的価値」（『資本論』①三七ページ、〔Ⅰ〕32ページ）をもつことを強調する。

4～5月　「ゴータ綱領批判」を執筆。この中で、共産主義社会への「過渡期」の問題が初めて定式化される。

5月　剰余価値と利潤率との差異の例証のために、一連の計算を行なう。この計算は、第三部の編集に利用された。

6月　ラヴローフへの手紙で、恐慌の周期の短縮が起こっている、と書く（マルクスは、この見解を『資本論』第一部のフランス語版でより詳しく展開した）。

76

2月　地代論の研究を続けて、小論「差額地代と、土地に合体された資本のたんなる利子としての地代」を書く。これは、エンゲルスによる第三部の編集のさい、第四四章の最後の部分に取り入れられた。

5月　ドイツの党内でのデューリング熱横行の危険についてエンゲルスと協議し、エンゲルスにデューリング批判の

9月　エンゲルス、『反デューリング論』の執筆を開始する。

論説の執筆を進める。

77

1月　〔エンゲルス、『反デューリング論』を、「フォーアヴェルツ（前進）」（ドイツ社会主義労働者党の中央機関紙）に連載し始める（～78年7月）〕

3月　エンゲルスの依頼に応じて、『反デューリング論』「第二篇　経済学」のために、経済学史をめぐってのデューリング批判「『批判的歴史』から」を書く。

3月末　『資本論』第二部のこれまでの草稿を読み直し、「新稿」のための指示と覚え書を書く。

4～7月　前年の10月から『資本論』第二部の第五草稿を執筆する。その注に、第二部第一草稿の恐慌の運動論の主要部分を書き写す。

9月　ゾルゲへの手紙で、『資本論』のフランス語版では「多くの新しいことを追加し、また多くの箇所を本質的に書き直した」（全集㉞二三七ページ）こと、したがっ

	78	79
	10月〔ドイツで弾圧法・社会主義者取締法施行〕	
て、英語版の準備にあたっては、ドイツ語第二版のほかにフランス語版を参照しなければならないことを、連絡する。 10月〜11月　第二部第六草稿を執筆。	この年以降　アメリカ資本主義の最新の発展の研究に力をそそぐ。多くの統計資料を集め、とくに「資本主義的集中」による変革に関心を寄せる。 7月以降　第二部第七草稿を執筆。 9月　ドイツ帝国議会の弾圧法提案をめぐる議事録を読んでの覚え書で、イギリスとアメリカでの議会の多数を得ての社会変革の可能性を提起した。	4月　ダニエリソーンへの手紙で、第二巻を仕上げるためには、「イギリスでの当面の産業恐慌が頂点に達」することをはじめ、「事態が成熟しきるまでは現在の経過を観察」し、それを理論的に消化することが必要だという見解を述べる（『書簡選集』中・一九五ページ、全集㉞二九七ページ）。

10月〜80年10月　コヴァレフスキーの著書『共同体的土地所有、その解体の原因、経過および結果』（一八七九年刊）の摘要をつくる。

この年後半〜80年11月　アードルフ・ヴァーグナー『経済学教科書』のなかの『資本論』への批判にたいし、詳細な批判的評注を書く。そこには、価値論の立ち入った解明がある。

この年　『資本論』第二部第八草稿の執筆を続ける（〜81年）。これが、『資本論』の草稿執筆の最後となった。このなかで、拡大再生産の問題に初めてふみこみ、その表式化および成立条件の規定に成功。

80

3〜5月　〔エンゲルス、「空想から科学へ」を、雑誌『ラ・ルヴュ・ソシアリスト』に連載〕

4月　フランスの雑誌『ラ・ルヴュ・ソシアリスト』に頼まれて、労働者の生活・労働条件、組織と闘争などについての九九項目にわたる「労働者へのアンケート」を執筆。

5月　エンゲルスの著書『空想から科学へ』（フランス語版）への「まえがき」を執筆。この本を「科学的社会主義の入門書」と特徴づける。

フランス労働党の幹部ジュール・ゲードの依頼を受

81

10月　重い病気にかかる。

け、フランス労働党綱領の前文を執筆、「生産手段の社会化」の要求の綱領的な定式化――生産者による生産手段の集団的取得（集団的所有）――を行なう。

この年　ローマ時代とゲルマン時代、中世のヨーロッパにおける貨幣制度の歴史を追った論考「単本位制と複本位制」を執筆。

末~81年3月　ルイス・ヘンリ・モーガンの著書『古代社会』（一八七七年）の摘要をつくる。

2月末~3月　ロシアの革命家ザスーリチの依頼に答えるため、共同体社会の世界史的な考察を含めて、ロシアの農村共同体の今後の運命について、研究を進める。かなり長い「下書き」を三通書いたが、結局、ごく短い結論をもって「回答」とした。

3~6月　ジョン・ラボックの著書『文明の起源と人類の原始状態』（一八七〇年）の摘要をつくる。

4~6月　ヘンリ・サムナー・メーンの著書『初期制度史講義』（一八七五年）の摘要をつくる。

10月　マイスナーから第三版が必要になったとの連絡を受け、11月からその準備に着手する。第三版の発行部数は

年	生涯	著作・活動
	12月　マルクス夫人イエニー死去。マルクスは病気のため、葬儀にも出席できなかった。	一〇〇〇部におさえて「わずかな変更と追加をする」にとどめ、より本格的な改訂は、次の第四版で行なうという方針でのぞむ（全集㉟二〇六ページ）。 12月　ダニエリソーンへの手紙で、第二巻〔第二部・第三部〕を早く完成して、「妻への献辞」をそれに書きたい、と述べる。 この年　ロシアの改革（〝農奴解放〟）について研究し、その成果をまとめた覚え書を執筆（〔一八六一年の改革と改革後のロシアの発展についての覚え書〕）。 81年末～82年末　紀元前一世紀から一七世紀までのヨーロッパ史を概観した『年表抜粋』を四冊のノートにまとめる。そのための事実資料は、フリードリヒ・シュロッサー『世界史』、カルロ・ボッタ、ウィリアム・コベットらの著書、ロシアにかんする一連の著作からとられた。
82	81年末から、病気療養のため、イギリスやヨーロッパの保養地を転々とする。	
83	1月　ロンドンに帰る。 3月　死去。	

マルクス死後の『資本論』にかかわる略年表
（とくに説明のないものは、すべてエンゲルスの活動）

83年　3月〜5月　マルクスの書斎で、『資本論』第二部・第三部および『五七〜五八年草稿』、『六一〜六三年草稿』などの諸草稿を発見。
6月　マルクスの仕事を引き継ぎ、『資本論』第一巻（第二部、第三部を含む）の刊行準備にとりかかる。
11月　第一部第三版が出版される。
84年　2月　カウツキー、ラウラ・ラファルグに、『六一〜六三年草稿』のなかに「剰余価値についての諸学説」と題する数百ページがあることを報告。
3月　『資本論』第二部、第三部の刊行についてマイスナー（出版社）と話をまとめる。
3月〜5月　マルクスの遺稿「モーガン『古代社会』摘要」を指針に、『家族、私有財産および国家の起源』を執筆。
6月　『資本論』第二部、第三部の草稿をエンゲルスが解読、口述筆記で〝助手〟に清書させる作業を開始。草稿のマルクスの字はエンゲルスが〝象形文字〟と呼んだもので、編集にかかる前に解読・清書の作業が必要だった。
『資本論』第一部英語版の刊行促進のため、ロンドンの出版者と交渉。
10月　第二部の編集にとりかかる。
11月　第二部第三篇の最終的な編集にとりかかる。

85年　2月　第二部の最後の部分の編集を終え、それを出版社に送る。
3月～6月　第三部の草稿を読み始め、その内容に触れた感激を手紙で各方面に知らせる。
5月　第二部への「序言」を書きあげる。そこでマルクスの剰余価値学説の柱をなす七つの点を指摘。
7月　『資本論』第二部出版。
第三部の口述筆記の作業、終わる。
11月　イギリスのハインドマンが行なった『資本論』の一部の英語訳を批判して、「いかにマルクスを翻訳してはならないか」を執筆。
12月　『資本論』第二部ロシア語版出版。
86年　1月　『資本論』第一部の英訳原稿を訳者のサミュエル・ムア、エドワード・エーヴリングから受け取る。
2月～8月　英訳原稿を校閲する。77年にアメリカで英訳が計画されたとき（これは実現しなかった）、マルクスが与えた指示を校閲のよりどころとする。
4月～5月　著作『ルートヴィヒ・フォイエルバッハとドイツ古典哲学の終結』を、『ノイエ・ツァイト』に掲載する。
9月上旬　カウツキーの著書『カール・マルクスの経済学説』［『資本論解説』］を読み、それについて意見を述べる。
11月　『資本論』第一部英語版への「序文」を書き終える。
87年　1月　『資本論』第一部英語版出版。

88年　10月ごろ　第三部の編集に本格的にとりかかる。
89年　2月　第三部第四篇までの編集を終わる。
10月～12月　第五篇（利子生み資本の篇）編集への第一回の取り組み。進展しえないまま中断。
12月　『資本論』第四部をはじめ、マルクスの残された手稿類を、エンゲルス死後に利用できるようにするために、カウツキーとベルンシュタインに、マルクスの〝象形文字〟を判読する訓練を始める。
90年　12月　『資本論』第一部第四版出版。
12月～91年2月　『資本論』での引用に関するブレンターノのマルクス中傷に対し、「いわゆる引用文変造を理由とするブレンターノ対マルクスの事件　経緯物語と関係資料」を執筆。
91年　4月　マルクス『賃労働と資本』一八九一年版のために「序説」を書き、その時点から『資本論』にいたる時期に、マルクスの剰余価値理論のどこに発展があったかを明らかにする。
11月～92年1月　第五篇編集への第二回の取り組み。ふたたび失敗に終わる。
この年ないし92年に、「取引所」を執筆。
92年秋～93年3月　第五篇編集への第三回の取り組み。方針を転換することで、道が開かれ、編集を終わる。
12月　第三部が「その長い妊娠期間をやっと完了する見込み」がついたことを、カウツキーに知らせ、それで「第四部のための資料を手もとにおくこと」が必要になったとして、「諸学説」関係の草稿の返却を求める（カウツキーが編集作業に当たるということで、判読訓練以後に渡してあった）。

93年　3月から　第六篇、第七篇の編集を並行して進める。
94年　1月　「フォーアヴェルツ」および『ノイエ・ツァイト』のために、『資本論』第三部の二つの紹介文を書く。
5月　『資本論』第三部の最後の部分の編集を完了する。
6月　『資本論』第三部の普及のために、「第二三章　利子と企業者利得」、「第二四章　利子生み資本の形態における資本関係の外面化」の二つの章を『ノイエ・ツァイト』に送る。これは、7月同誌に発表された。
10月　『資本論』第三部への「序文」の仕事を終える。
11月　フランス労働党のナント大会（9月）やドイツ社会民主党のフランクフルト大会（10月）で農民問題での誤った傾向が表面化してきたことをみて、「フランスとドイツにおける農民問題」を執筆し、農業＝農民問題における正確な綱領的路線を明らかにした。論文は『ノイエ・ツァイト』に発表。
12月　『資本論』第三部出版。
95年　2月〜3月　マルクスの労作『フランスにおける階級闘争。一八四八年から一八五〇年まで』を単行本とし、その「序文」を書く。
3月〜4月　コンラート・シュミットとヴェルナー・ゾンバルトが『資本論』の書評を発表し、その中で、価値法則、平均利潤、生産価格について間違った説明をしていた。その点についてそれぞれに手紙を書き、誤りを批判する。
3月　入獄を前にしたオーストリア社会民主党のフリードリヒ・アードラーのために、『資本論』

第二部・第三部の学習のすすめを書く。

98年

4月～6月　「価値法則と利潤率」を書く（のちに、「取引所」とあわせて「第三部への補足と補遺」として『資本論』の各版に収録されることになった）。

8月5日　死去。

マルクスの娘エリナーの手で、一八六五年のインタナショナル中央評議会でのマルクスの講演が『賃金、価格、利潤』の表題で、初めて出版される。

1905年　カウツキーの編集で、『剰余価値学説史』第一巻、第二巻が出版される。

10年　カウツキーの編集で、『剰余価値学説史』第三巻が出版される。

＊本冊の巻末に掲載した「年譜」に出てくる人物などについての補注は、本冊や続巻の本文での初出の際に行なう。

不破哲三（ふわ　てつぞう）

1930年生まれ

主な著書 「スターリン秘史」（全６巻）「現代史とスターリン」（渡辺治氏との対談）「史的唯物論研究」「講座『家族・私有財産および国家の起源』入門」「自然の弁証法—エンゲルスの足跡をたどる」「エンゲルスと『資本論』」（上・下）「レーニンと『資本論』」（全７巻）「マルクスと『資本論』」（全３巻）「『資本論』全三部を読む」（全７巻）「古典研究　マルクス未来社会論」「古典研究　議会の多数を得ての革命」「古典への招待」（全３巻）「古典教室」（全３巻）「マルクス、エンゲルス　革命論研究」（上・下）「『資本論』はどのようにして形成されたか」「マルクス『資本論』—発掘・追跡・探究」「『資本論』探究——全三部を歴史的に読む」（上・下）「『資本論』のなかの未来社会論」「マルクス弁証法観の進化を探る——『資本論』と諸草稿から」「『資本論』完成の道程を探る」「マルクスは生きている」（平凡社新書）「新・日本共産党綱領を読む」「報告集・日本共産党綱領」（党出版局）「党綱領の理論上の突破点について」（同前）「日本共産党史を語る」（上・下）「新版 たたかいの記録—三つの覇権主義」「スターリンと大国主義」「日本共産党にたいする干渉と内通の記録」（上・下）「二十一世紀と『科学の目』」「ふたたび『科学の目』を語る」「アジア・アフリカ・ラテンアメリカ—いまこの世界をどう見るか」「21世紀の世界と社会主義」「『科学の目』講座・いま世界がおもしろい」「激動の世界はどこに向かうか—日中理論会談の報告」「『科学の目』で見る日本と世界」「歴史から学ぶ」「『科学の目』で日本の戦争を考える」「私の戦後六〇年」（新潮社）「回想の山道」（山と渓谷社）「私の南アルプス」（同前）「新編 宮本百合子と十二年」「小林多喜二—時代への挑戦」「文化と政治を結んで」「同じ世代を生きて—水上勉・不破哲三往復書簡」「不破哲三　時代の証言」（中央公論新社）

『資本論』全三部を読む　新版　1

2021年11月20日　初　版

著　者　不破哲三

発行者　田所　稔

郵便番号　151-0051　東京都渋谷区千駄ヶ谷4-25-6

発行所　株式会社　新日本出版社

電話　03（3423）8402（営業）

03（3423）9323（編集）

info@shinnihon-net.co.jp

www.shinnihon-net.co.jp

振替番号　00130-0-13681

印刷・製本　光陽メディア

落丁・乱丁がありましたらおとりかえいたします。

ISBN978-4-406-06611-2　C0033　Printed in Japan